邓俊 著

■ 造物文化与设计丛书

# 无风险 不设计
—— 设计风险管理

中国建筑工业出版社
CHINA ARCHITECTURE & BUILDING PRESS

图书在版编目（CIP）数据

无风险 不设计——设计风险管理 / 邓俊著. —北京：中国建筑工业出版社，2017.8
（造物文化与设计丛书）
ISBN 978-7-112-20912-5

Ⅰ.①无… Ⅱ.①邓… Ⅲ.①产品设计—企业管理 Ⅳ.① F273.2

中国版本图书馆CIP数据核字（2017）第152323号

责任编辑：吴 绫 李成成 李东禧
责任校对：李欣慰 李美娜

造物文化与设计丛书
**无风险 不设计——设计风险管理**
邓俊 著

\*

中国建筑工业出版社出版、发行（北京海淀三里河路9号）
各地新华书店、建筑书店经销
北京京点图文设计有限公司制版
北京云浩印刷有限责任公司印刷

\*

开本：889×1194毫米 1/20 印张：10⅓ 字数：199千字
2017年11月第一版 2017年11月第一次印刷
定价：49.00元
ISBN 978-7-112-20912-5
（30552）

**版权所有　翻印必究**
如有印装质量问题，可寄本社退换
（邮政编码 100037）

# 前 言

当人们看到"风险"二字的时候,本能是抵触的,这不仅是因为,风险的后果令人沮丧,更因为规避风险是件麻烦事。设计本应该是浪漫的,尤其是设计者能够通过作品来表达强烈的个人追求,正是这一点,让设计师与艺术家有些许的相似,这种纯粹的自我实现"光芒万丈、引人入胜"!然而,从企业家和工程师的角度来看,这可能只是麻烦的开始,并且,这种矛盾只是设计风险的表象之一。

那么设计风险究竟是个怎样的大麻烦?简单来说,其一,就是让产品的缔造者头疼不已;其二,就是让产品的使用者怨声载道;第三,就是让本已脆弱的生态环境不堪重负。那么,在面对这个大麻烦的时候,发生过怎样令人啼笑皆非的奇葩事件,又迸发出哪些令人感叹的智慧火花呢?我想,对于企业家、设计师和消费者来说,这本书无疑是有趣的,因为在其间能够看到基于他们立场的发言,能够看到对方的"滑稽",也能看到人类在进步过程中的摸爬滚打。

设计源于生活,生活是目标、设计是手段。通过生活化的表述来揭示种种设计风险,这将消除职业的壁垒,最终还原到人如何面对生活、看待设计。不敢妄求"启发民智、设计民主",但求"增进理解、答疑解惑"。

本书研究成果受到教育部人文社会科学研究青年基金项目——"工业产品设计的生态环境风险控制研究"(15YJCZH025)的支持。

# 目 录

### 前 言

### 第一章 造物——天生浪漫

| | |
|---|---|
| 造物主的荣耀——造物史与人类文明 | 002 |
| 带着镣铐舞蹈——设计师的职责与定位 | 009 |

### 第二章 设计——麻烦不断

| | |
|---|---|
| 自大的企业家——战略及目标风险 | 017 |
| 偏执的设计师——流程及系统风险 | 034 |
| 愤怒的消费者——质量及知识产权风险 | 050 |
| 无辜的地球——生态环境风险 | 066 |

### 第三章 风险——管或不管

| | |
|---|---|
| 万无一失——保险型设计 | 076 |
| 百密一疏——普通型设计 | 081 |
| 无为而治——协同型设计 | 085 |
| 大冒险——冒险型设计 | 089 |

### 第四章 智慧——源远流长

| | |
|---|---|
| 古人这么看——古代风险意识 | 094 |
| 今人这样办——现代风险管理 | 105 |
| 基于风险传导理论的解决之道 | 118 |

**第五章**
**生活——依然斑斓**

像帝王将相般生活——以奢华为美的生活观　　164
像商界巨贾般生活——以财富拥有为美的生活观　　168
像"地球公民"般生活——以朴素为美的生活观　　173

**第六章**
**无风险　不设计**

孪生兄弟——创新与风险　　180
相克相生——危险与机遇　　188
致明天——设计风险管理的未来　　196

参考文献　　200

第一章 造物——天生浪漫

无风险　不设计——设计风险管理

## 造物主的荣耀——造物史与人类文明

首先，这并不是一本有关设计史的书籍，所以请不要害怕会出现浩如烟海的史实；同样，也请不要期待这是一本历史工具词典。在这个章节，仅以"衣、食、住、行"为切入点，以若干"代表作"为例，讲述造物过程及时代背景，突显出设计对于人类文明的贡献，如此而已。此外，请允许笔者在这一节运用相对轻松的口吻来叙述，因为历史的有趣，也因为历史的枯燥。

### "衣"

根据宾夕法尼亚大学的一项研究，人类开始穿着"衣物"是在19万年以前。最开始的"衣物"是树叶茅草，尽管笔者一直十分怀疑原始人用树叶来遮蔽身体，尤其是用一片树叶来遮挡男性的私处，这简直是滑稽。后来则出现了用兽皮来充当"衣物"，所谓"衣毛而冒皮"（《后汉书·舆服志》），除了能够遮阳、避寒，还是伪装的好道具，从此可以近距离地捕杀猎物了。直到人类发明了制衣工具（不是缝纫机），如尖锐的动物肋骨（制成骨针、骨锥）可以用来缝纫，"衣物"才摆脱了萌芽状态。之后，随着人类道德感、羞耻感和审美意识的建立，衣物才真正开始丰富起来。

在这里，要隆重介绍中国古人对人类服饰的贡献。早在五千年前，中国原始社会的母系氏族就进入大繁荣时代，吃饱穿暖已不是问题，穿着的衣物更加轻薄舒适才是当务之急，于是母系氏族的"科研人员"们群策群力，终于有了重大的发现。他们发现麻类植物的根茎通过去皮、沤浸之后能够获得坚韧的纤维，而后用石轮或陶轮等工具搓捻可以制成麻线，再用麻线可以编织成麻布，一种划时代的衣物材料就这样诞生了。

而另一个伟大的贡献则是丝绸。南宋的罗泌在《路史》中写道："始教民育蚕，治丝茧以供衣服"，这位教授老百姓养蚕制衣的老师是黄帝的太太——嫘祖（西陵氏），大家为了纪念和称颂她，也尊称她为"蚕神"和"女圣"。到了殷商时期，

## 第一章 造物——天生浪漫

养蚕已十分普遍，人们已熟练地掌握了丝织技术，随着织机的改进、提花装置的发明，加上刺绣与染彩技术的逐渐成熟，服饰也日益考究了[1]。再到后来，随着"丝绸之路"的开通，中国丝绸蜚声海外，各国的王公贵族无不对此争先恐后，一时间出口创汇无数，古罗马百科全书式作家普林尼（Gaius Plinius Secundus）在《自然史》中有云："赛里斯国（即中国，赛里斯在希腊古语中即是"丝"）林中产丝，驰名宇内……湿之以水，理之成丝。后织成锦绣文绮，贩运至罗马"。

说了这么多，究竟设计和衣物有什么关系？这里不得不交代一下时代背景。"设计"一词来源于文艺复兴时期的艺术批评术语"disegno"，在当时是指合理地安排各种视觉元素，以及安排各种元素所遵循的原则。现代意义上的"设计"广为人知，则是在工业革命之后了，而在此之前的数千年间是没有"设计"这一概念的，但并不妨碍设计的最初表现形式——"造物"的发展。所以，说到这里你大概明白了，从原始社会早期开始的造物活动，实际上就是现代"设计"的雏形。拜"设计"的先行者们所赐，我们不必再四处寻找合适的树叶来蔽体，现代意义上的设计师们也才能够充分发挥他们的聪明才智，创作出符合不同社会经济基础、政治制度、风俗习惯、思想意识和审美观念下人们追求的服饰。

### "食"

谈到"饮食"与设计的关系，至少关乎两个方面，一是捕食工具，二是烹饪工具。先谈第一个方面，还得拿原始人说事儿。在那个艰苦卓绝的年代，填饱肚子是一件困难的事情，因为浆果和植物蛋白的热量较低，并且受制于季节变换，食不果腹是常事，而在高纬度地区，这一问题更为严峻，在那种自然条件下，身体里没有一点脂肪储备是不可想象的。饥寒交迫的原始人弟兄们还得面对猛兽的袭击，在一次次自卫反击的过程中，有的猛兽倒下了，原始人们赫然发现了新的食物来源——肉食，于是，他们化被动为主动，开始捕猎了。

人类早期的捕猎工具是石头。对于石头的选择是从一次次失败的经验教训

---

[1] 戴钦祥等. 中国古代服饰 [M]. 北京：中国国际广播出版社：2010.

中获得的。石头要大小适中，便于抓握，投掷距离远，打击力还得强，因为这是用于击打动物的。再到后来，捕猎工具加入了巧思，材料运用进一步丰富，做工也日益精妙，如削尖的木质长矛，用于远距离攻击，用藤条将石块固定于木质手柄上，制成了近距离搏斗的工具。正是这些捕猎工具的发明和进步，使得原始人的吃饭问题得到了极大的改善。到了原始社会后期，人类学会了种植作物，饮食的重心从捕猎过渡到了耕作，从考古发现中得以证实，从这时起，农具的数量已经超过了捕猎工具，而捕猎工具则一步步发展为用于战争的工具——兵器。

天雷也好，地火也罢，总之百万年前的一把火燃烧起来了，不仅吞噬了树木、点燃了草原，还烤熟了隐秘其间的动物。闻着焦煳味而来的原始人第一次尝到了熟食的滋味，不仅味道和生肉天差地别，就连分食也变得轻松了许多，第一个吃"螃蟹"的原始人饱含热泪地将这个喜讯传遍了部落。从此，人类开始崇拜火、保存火、制造火，而这一切都是为了能够方便地做熟食物。熟食，使动物蛋白更好地被人类所吸收，也不必担心如《韩非子·五蠹》所言的："上古之世……民食果蓏、蚌蛤，腥臊恶臭而伤腹胃，民多疾病"。茹毛饮血的时代，一去不返了。

但显然，光有火是不行的。时光荏苒，岁月如梭，时光一下子穿越到了旧石器时代末期，人类开始制作陶制容器[1]。陶器的发明，是人类最早利用化学变化改变天然性质的开端，也是人类社会由旧石器时代发展到新石器时代的标志之一。从此，烧烤不再是人类熟食的唯一形式了。在新石器时代，大量的陶制容器开始涌现，而这其中的绝大部分是与饮食有关的。从储水的陶罐到煮肉的陶锅，从最开始的简陋粗糙，到后来的有意美化，形制越来越多样，结构越来越巧妙。陶制容器，是最早的人类烹饪器皿，它的发明和进化奠定了人类的烹饪工具史，在此之后，烹饪工具从材质上一步步进化，经历了青铜、铁、铝、

---

[1] 中国江西仙人洞文化的陶器罐碎片于2012年被发现，可追溯到公元前2万～前1.9万年，是目前已知人类最古老的陶制容器。美国《考古学》杂志，2013.1.

# 第一章 造物——天生浪漫

一直到复合材料，形制上一步步扩充，罐、鼎、鬲、杯、角、觚、簋、碗、钵、壶、罐、瓮、瓶、尊、盆、缸……琳琅满目，不一而足。工欲善其事，必先利其器，有了这些食器，才有了饮食文化。

## "住"

"地为床，天为被"是多么浪漫的体验，但这样人们太容易感冒，所以还得"避风雨，驱寒暑"，好在植被葱郁、地貌多样，人类祖先们从幕天席地转而寻求自然物的遮蔽，已发现的最早的人类住所是距今约55万年前的北京周口店龙骨山岩洞。

岩洞不是原始人开凿出来的，那是大自然的鬼斧神工，但被发现的有人类遗迹的山洞都具备这样的特征：首先是要靠近水源，这样可以保证饮水，同时还能捕鱼；其次是洞内要干燥；第三是洞口要背风，可见这些岩洞都是经过考察和挑选过的，用设计的术语来表达，就是经过了详细周密的"设计调研"。通过进一步研究，发现这些岩洞是被"设计"过的，首先是功能布局，例如在一段狭长深邃的洞穴里，靠近洞口的区域是原始人活动最为频繁的地区，因为这里空气新鲜且相对干燥，而较深的地方由于潮湿和空气混浊，则用来储存或埋葬逝者；他们还会清理洞穴内阻碍通行的石块，并将这些石块铺垫在低洼处，改善栖息条件；除此以外，大量的岩画被发现，说明祖先们在使岩洞具备了居住功能之后，还有了美化家居环境的意识。这些都体现了人类对于居住的原始需求和早期的"设计"意识，即使在当今，我们对于居住空间的设计依然围绕着这些基本内容。

随着人类文明的进步，这些为了满足居住需求的设计产生了分野，有一类人开始专注于建筑物的营造——建筑设计，一些人开始专注于空间的美化——环境设计，还有一些人致力于提供高品质的家居用品——产品设计。人类早期的"建筑师"们"构木为巢"、"凿穴而居"，古代的建筑师通过金字塔告慰法老的亡灵，通过雅典卫城歌颂希腊的神明，通过罗马斗兽场尽显帝国的繁华，通过哥特的尖顶接收天国的福音，而当今的建筑师们借助钢铁、水泥和玻璃，构筑起超过鸟类飞行高度的摩天大楼。环境设计师们通过组织、围合等手段对空间界面进行装饰，运用自然光和人工照明来满足照度要求，排布家具、饰品、雕塑，营造地形、水体、植被，从而创造出各种氛围和风格。产品设计师们则创造出品类繁多、风格各异的家具，有中式家具的婉约清新，有美式家具的粗犷豪迈，有欧式家具的富丽堂皇，有田园家具的朴素温馨。

"住"，在很大程度上已经摆脱了"避风雨，驱寒暑"这一原始的物理需求，人们对于住的需求早已上升到彰显个性、体现文化的精神层面，如德国诗人荷尔德林和哲学家海德格尔所倡导的"诗意的栖居"，还有陶渊明《桃花源记》中所描述的东方世界的乌托邦。不论是物理层面，还是精神层面，设计师都洞察、实现、扩展了人类对于居住的理想。

## "行"

"行"确实是一个很大的话题，因为出行方式和交通工具的多样，这里就以汽车为着眼点吧。截至2015年，我们这个星球上有11.2亿辆汽车，并且每秒钟就有3量新车诞生，这个规模是世界马匹存栏量的18倍，而在汽车被发明之前，马儿则是人类最重要的交通工具。汽车这个"物种"是在1886年由一个叫卡尔本茨（Karl Friedrich Benz）的德国人所创造的，用今天的眼光来看，人类第一辆汽车俨然就是辆三轮摩托车，不仅简陋而且极不稳定，驾车人不但得会操控，还得懂机械、有力气。它还是一个"麻烦制造者"，因为噪声巨大，经常吓到路上的马匹，所以，在汽车诞生的最初几年，没少遭人白眼。但就像所有改变世界的重大发明一样，在短暂的阵痛期后，人类开始展开怀抱接纳这一新生事物，并且，汽车以极快的速度扩展到了全球的每个角落，人类文明的进程也因为这一伟大发明而装上了油门，一路飞奔。在汽车的发展史上，或者说人类的出行史上，设计师扮演了重要的角色。

汽车，作为人类最重要的交通工具，它最初的使命是将人和货物从一个地方运送到另一个地方，但随着科技的进步和人类需求的多样化，汽车开始进化了。首先是汽车的时速越来越快，这仰赖发动机技术的进步，但随着这一进步，问题也随之而来。早期汽车与马车的造型无异，往往是敞篷的，高速下风雨的

# 第一章 造物——天生浪漫

袭扰让驾车者苦不堪言，设计师的首要任务，是给汽车加上门窗和硬质的顶棚，这其中最有代表性的就是福特的T型车。为了便于生产制造，这款车被设计得方方正正，像一个大铁箱，人们称这种车为"箱型汽车"。

随着车速的进一步提高，挡风玻璃近乎垂直的"箱型汽车"奔跑起来空气阻力和风噪都很大，这显然是人们不能接受的，于是汽车设计师们开始探索汽车外形与速度的关系。流体力学开始被引入汽车造型设计，设计师和工程师们开始在风洞内测试各种造型的空气阻力，一种划时代的造型被创造了出来——"流线型"。在当时，将这一造型推向极致并大放异彩的，是德国的费迪南德·保时捷（Ferdinand Porsche）博士，正是他设计了著名的"甲壳虫汽车"，这一经典的造型一直延续至今。

在此之后，美国人发明了更大马力的发动机，汽车的速度又有了飞跃，因此人们需要一种高速行驶时更加稳定的车型，通过加大尾箱的比例，平衡车辆的配重是一个有效的方案，车型呈现出明显的三厢特征（发动机舱、客舱、尾舱），这其中的代表作是福特推出的V8型汽车（因造型像一只小船，被人们称作"船型汽车"），这一造型几乎奠定了现代轿车的基本范式。同时期随着人类宇航科技的进步，宇航热席卷全球，人人都梦想成为宇航员，大量飞行器的设计元素被移植到了汽车设计中，于是，顶着火箭尾翼造型的"船型汽车"在道路上飞驰，仿佛一艘艘"宇宙飞船"。

但是很快，驾驶"宇宙飞船"的那股热情开始降温，因为这种夸张的造型会带来严重的副产品——空气涡流，在车辆高速行驶时，涡流会加大空气阻力，人们开始回归理性，汽车设计师们又开始推敲新的造型。设计师们在"船型汽车"的基础上，将顶棚与后备厢连成一体，形成类似于鱼背的流线型，此举大大降低了涡流阻力。这种造型的车辆，被人们称之为"鱼形汽车"。但这种车型也好景不长，因为这种造型会带来两方面的问题，一方面是由于背部倾斜角度大，为了保证后部的视野，需要采用大面积的玻璃，而这会削弱车身的刚性，另一方面是这种溜背造型会加大汽车高速行进时的升力，影响行驶安全。于是，设计师们又在车辆的尾部加上了一个上翘的扰流板，借此产生下压力克服尾部的升力,尽管不是万全之策,但也"聊胜于无",还使得此类车型有了一个类似于新物种的名称——"鱼形鸭尾式汽车"。

  为了彻底解决车尾升力的问题,设计师与工程师们反复试验,终于发现,如果将车头尽量压低,使引擎盖一直到挡风玻璃与地面形成一个较小的角度,并且将车尾削平,与地面几乎成直角,不仅能够减小空气阻力,还能有效克服车尾的升力,就此,一种全新的造型诞生了——"楔形车身"(wedge body)。这种造型由于极度简练并且具有优异的空气动力学性能,因而备受推崇,在相当长的历史时期内都是人类彰显科技实力的代表形态(例如战斗机和机器人),几乎成了速度感、科技感的代名词。

  汽车发展到今天,设计师们的职责进一步扩展,分工也越来越细化,从车辆造型到内部装饰,从使用方式到文化内涵,从特定对象到普罗大众。总之,现代社会的出行方式越来越多样化,出行品质越来越高端舒适,而这离不开设计师们的智慧。

  "衣食住行"是生活的根本,也是永恒的主题,它浓缩了人类文明的方方面面,也反映出人类成长的历史轨迹。很荣幸,作为社会分工中的一员——设计师群体,能够在历史的宏大叙事和生活的点点滴滴中见到我们的身影。很荣耀,我们是造物的主体。

## 第一章 造物——天生浪漫

### 带着镣铐舞蹈——设计师的职责与定位

卢梭在《社会契约论》中写到"人生而自由,但却无往不在枷锁之中"[1],人原本作为自然状态下的生命个体是自由的,然而一旦成为社会中的一员,这种自然状态下的自由便需要受到来自社会的约束。即使是在原始人的时代,一个独立生存的原始人可以自由地决定何时去狩猎、想要吃什么猎物以及每餐吃多少,但如果作为原始人部落中的一份子,就需要考虑在狩猎中的角色、猎物的种类、数量和分配问题了。

诗人歌德在面对强烈的创作冲动受制于格律诗严谨的格律规范时,感叹这种创作是"带着镣铐舞蹈"。"舞蹈"是人伴随音乐有节奏的肢体动作,是一种艺术形式,但在此,"舞蹈"所比喻的是人们自发的创作热情和本能的自我表现的冲动,也隐喻着对美好事物的想象和实践。试想,一个两三岁的孩子不了解"舞蹈"的定义,未接受过"舞蹈"训练,但也能随着音乐的节律"翩翩起舞"。"镣铐",是限制犯人自由行动的障碍物,或戴在手腕,或戴在脚踝,是约束力,隐喻着刚性的规则和制度。这两个看似毫无关系的事物结合在一起,却引发了作为设计师的我们无限的共鸣。

设计,之所以引人入胜,核心在于设计能够创造美的事物,能够构建美好的生活,能够给予人们美的享受,设计本是美的。而美是主观的,也是抽象的,同样一件事物,观者的判断可能截然相反。那么,什么是设计之美呢?这种美怎么来判断和评价?我们不妨从设计的本质出发来探究这些问题。

设计的本质是"将创新、技术、商业、研究及消费者紧密联系在一起,共同进行创造性的活动"[2],因此,设计之美的首要要素是"创新"。创新有三个层次

---

[1] man is born free, and everywhere he is in chains——Jean-Jacques Rousseau. *The Social Contract*.
[2] "国际设计组织WDO"(World Design Organization)对(工业)设计的定义:"(工业)设计旨在引导创新、促发商业成功及提供更好质量的生活,是一种将策略性解决问题的过程应用于产品、系统、服务及体验的设计活动。它是一种跨学科的专业,将创新、技术、商业、研究及消费者紧密联系在一起,共同进行创造性的活动,并将需解决的问题、提出的解决方案进行可视化,重新解构问题,并将其作为建立更好的产品、系统、服务、体验或商业网络的机会,提供新的价值以及竞争优势。(工业)设计是通过其输出物对社会、经济、环境及伦理方面问题的回应,旨在创造一个更好的世界。" 2015.10.

的内涵：初级层次是"更新"，是在原有基础上的改良和优化；中级层次是"创造新的"，创造一个从未有过的事物，类似于发明；高级层次是"颠覆"，也就是完全改变现有的规则和范式，创建出全新的体系。不论哪种层次的创新，都是对于现实世界的优化和完善，创新是设计的灵魂，也是设计的使命。

设计之美的第二个要素是"合理"。合理，就是合乎道理，道理所反映的是因果关系的逻辑。设计需要提出方案、解决问题，需要解构问题并提供新的价值与竞争优势，这建立在逻辑推理的基础之上。广义上的逻辑泛指规律，包括思维规律与客观规律。就好比将刹车灯设置在车头，或者将刹车灯设置为紫色，会让人迷惑，因为这有违人们的思维规律与客观规律。因此，设计不能脱离逻辑/规律行事，合乎道理是设计存在的基础。

设计之美的第三个要素是"可行"。合理是可行的前提，而合理的设计并不意味着可行。设计作为一种创造性活动（且多服务于商业目的），对设计周期、成果和效用上的追求是十分强烈的，这使其区别于科学研究或艺术创作。在激烈竞争的市场环境中，冗长的设计周期、技术门槛过高、制造成本过高、推广周期过长都是不被企业所接受的。执行一项"合理"但不"可行"的设计活动，其结果往往是灾难性的。

设计之美的第四个要素是"人"。以人为本、以用户为中心的设计理念（user-centered design）无须赘述了，在此基础上的"用户研究（user study）"、"用户体验（user experience）"以及更加细化的"文化探索"、"日记研究"、"深度访谈"、"参与设计"、"原型"、"故事版"、"可用性测试"、"迭代"等已经成为设计业界的高频词汇。同时，人们的审美情趣也直接影响到设计中的造型活动。设计为人服务，满足人们的合理需求，这种需求既包括生理上的，也包括心理上的。

设计之美的第五个要素是"生态"。维克多·巴巴纳克（Victor Papanek）早在20世纪60年代就出版了《为真实世界而设计》（*Design for the real world*），提出设计应当认真考虑有限的地球资源的使用问题，并为保护地球的环境服务。

但在当时强调设计的商业价值的大环境下（如"有计划商品废止制"[1]），这一观点激起了既得利益者的强烈反弹，直到70年代"能源危机"的爆发，他的"有限资源论"才得到重视。即使是在今天，"绿色设计"、"可持续设计"、"低碳设计"仍未成为设计的主流，可见在商业利益面前，生态环境依然是次要的。但生态环境的持续恶化是不容回避的，设计的社会及伦理价值应该被强化。

　　如此看来，设计之所以是美的，或者能够被称作为美的，至少应该符合"创新性"、"合理性"、"可行性"、"人性"和"生态性"。设计绝不是"灵光乍现"或"天马行空"，也绝不是设计师、决策者抑或是用户的"自由"的情绪表达，它肩负创新的使命、拥有严密的逻辑、顺应客观规律、切实可行、满足人的合理需求且兼顾生态责任。设计师正是在这样的"镣铐"约束下"舞蹈"，也正是"镣铐"的存在，使得这种"舞蹈"具备着超乎一般的难度、专业性与张力。与其说"带着镣铐舞蹈"是对约束的无奈感叹，不如说这是设计的魅力所在。

　　面对设计，这一迷人而充满挑战的领域，你准备好了吗？"设计师的职责和定位是什么？设计师需要天赋吗？我的手绘很烂，但建模是强项，可以吗？我觉得设计并不复杂，只要有好点子，对吗？这个案子很棘手，但很有趣，我能行吗？要成为一名优秀的设计师应该具备怎样的能力？"这样的问题不胜枚举，如果你的脑袋里经常思考类似的问题，那么恭喜你，你已经具备了作为一名设计师的重要素质——"好奇心"。心理学家认为，好奇心是个体遇到新奇事物或处在新的外界条件下所产生的注意、操作、提问的心理倾向，是个体学习的内在动机之一，是个体寻求知识的动力，是创造性人才的重要特征。前面说过了，设计是创造性活动，设计师必须是具备创新能力的人，而好奇心能够帮助你具备这一能力。在这里，不禁要多说说好奇心对于设计师的益处。第一，它能够让人更善于观察，观察、记录、比较、提炼，这是积累的过程，也是练就一流洞察力的必由之路；

---

[1] 发起于20世纪五六十年代的美国，是一种为满足商业需要而采用的设计策略，在汽车设计领域表现得最为突出，目的在于以人为方式有计划地迫使商品（功能、款式、质量）在短期内失效，造成消费者心理老化，促使消费者不断更新、购买新的产品。

第二，它有利于扩展眼界、拓宽知识面，在现代企业中，设计并不是某一个部门所能独立完成的，设计流程中所涉及的各项内容都需要部门间的通力协作、相互理解、沟通顺畅、共同促进，这考验设计师的综合知识能力；第三，它有助于保持思维的活跃，因为兴趣的驱使，总能被新鲜的事物或所不了解的事物所吸引，所收获的信息和刺激自然更多，产生创意的几率也就随之增加了。

除此以外，还有什么素质是设计师所必须的呢？笔者想通过几位优秀设计师的个人事例来说明这个问题。

Mr. Yang是一名高级设计经理，负责设计项目的管理工作，他的工作方式给笔者留下了深刻印象。每周一的早上，他会召开项目组会议，制定一周的工作进度并强调时间节点，让整个团队熟悉项目一周的执行计划；其次，每天早上会公布当日需要完成的具体进度，并列出相应的工作内容清单，每天下班之前再依照此清单核对进度及效果；再次，由他所发出的电邮或文案说明，清晰明了、内容周全；最后，在重要的时间节点召开讨论会，但会议绝不冗长，并针对所遇到的问题给予明确的回应。你是否会觉得Mr. Yang是一个如钟表般精密的人，不苟言笑、严肃刻板？事实并非如此，他总是笑容可掬且充满活力，每天都会骑着他的DAHON SPEED P8折叠自行车来到公司，并将车子直接摆放进办公室。实际上，他井然有序的工作布置、条理清晰的内容安排、追求高质量高效率的办事风格，赢得了同事们对他的信任和尊重。可以说，他的"有条理"给予了工作伙伴们良好的体验，所获得的回报是整个团队顺畅高效的运行。

Mr. Yu是一名结构设计师。你们知道，外观设计师与结构设计师之间是存在矛盾的，这种矛盾并不是来自个人恩怨，而是外观设计师更注重语义的表达，而结构设计师更看重实现的可能，因此这种工作重点的差异往往会带来争执和妥协。在我们看来，Mr. Yu是一位非常优秀的结构设计师，他拥有超乎一般的理解与"换位思考能力"，他能够凭借在结构设计上的专业性与"强大的执行力"，最大限度地配合造型设计，这给予了造型设计师们极大的创作空间。即使是对于公认的、实现难度大的外观造型，他也总能提出合理的结构设计方案，而这一点，使得外观设计师们对他由衷地敬佩，对他的工作能力非常信赖。

# 第一章 造物——天生浪漫

Miss. Cui 是一位资深的 CMF[1] 设计师，Jie 是一名工业设计专业的大一新生，他们并不认识，而作为他们共同的朋友，笔者从他俩的身上看到了相同的闪光点。先说说 Miss. Cui 吧，在与她共事时，我们总能惊叹于她在细节方面的追求，她的提案总是那么精美，不论形式还是内容，哪怕只是一个小小的图标也是尽善尽美的。她一面是资深设计师，另一面是一位手绘达人，她对于细节的关注与追求完美从她的绘本中也能体现出来。Jie 是在一次汽车设计研修班上所遇见的，他并不是最具实力的学员，而我们非常惊讶于他所提供方案的数量。在单位时间内，他可以画出数倍于其他学员的草图，并且是经过仔细思考后绘制出的十分详细的草图，方案风格差异显著，又能在不同风格下有所延伸，最终形成方案矩阵。他们的共同点是基于超乎寻常的"执着"，使自己的作品"超出预期"。这一点，类似于军事中的饱和攻击，当你所释放的火力足够震撼，超出了对方的心理预期，那么你也就具有了更多的主动权。

Mr. Zeng 是一位优秀的汽车设计师，除了车身造型设计之外，他也参与竞品分析和策略研究，而在此想说的并不是他在专业领域的过人之处。我们很喜欢与他见面，因为每次见面都能从他那里体验到很多有趣的产品，其中最主要的就是汽车。他非常乐于将所接触到的产品提供给朋友们体验，并毫无保留地将他的理解与感受同大家分享。有一次，他将新购置的纯电动轿车交给我，让我开上一段时间再谈体会，这让我有机会快速地对一款新产品有所了解，同时，我的反馈也给了他新的启发。事实就是这样，"乐于分享"的人，往往会获得更多的收获。

最后一个例子来自于 Mr. Jiang，他是一名设计总监，若干年前笔者曾与他短暂共事，然而现在我们已经成了设计合伙人。他拥有标志性的白头发，尽管并未到满头白发的年纪，总是挂着真诚的笑容，言语没有咄咄逼人的气势，但非常坚定。面对挫折坚韧不拔，面对质疑不卑不亢，面对挑战积极乐观，待人接物诚恳包容，每一个与他沟通、相处过的人都会觉得十分融洽，而这对于设计服务来说，是至关重要的优势，猜想，这就是"高情商"的力量。

---

[1] CMF（Color，Material & Finishing），工作内容为针对产品的色彩、材质与表面处理工艺开展设计与研究。

如果说，上面这些案例拼凑出了作为一个设计师所应该具有的素质（并不全面），那么缺乏这些素质，恐怕会给你的职业生涯带来挑战。除此以外，如下这些特征，是应当尽量避免的：

1. 兴趣淡薄，不够专注；
2. 缺乏规划，执行力弱；
3. 考虑不周，草率行事；
4. 推脱责任，避重就轻；
5. 安于现状，停滞不前；
6. 被动接受，缺乏主见；
7. 固执己见，协调性差；
8. 自由散漫，拖延懈怠。

以上所罗列的诸多负面特征是否已经让你十分不悦或如芒在背？接下来，笔者还将讨论一个更加令人不安的议题——设计师是否需要天赋？不要紧张，答案可能不像你所想象的那样。通过上面对于设计师正面特征与负面特征的描述，不难发现，第一，其中并没有涉及不可通过后天努力所能达成的因素，换言之，通过后天的学习与努力，是可以具备这些素质的；第二，天赋是一个抽象的概念，它并不局限于某个领域或针对某个职业，所谓的天赋是指在某些方面天生具有过人的能力或极大的热情，使其在同等条件下具有更快的成长速度，因此，具有天赋的人只是在某些方面更加顺遂，但并不能以此证明其综合能力，甚至借此评判能否胜任某种职业；第三，需要澄清一个事实，正因为设计需要兼顾科学与艺术、平衡理性与感性，所以，设计既不是纯粹的科学研究，亦不是单纯的艺术创作，"天赋异禀"从来不是决定性因素，在设计领域，"大师"与"匠人"同等重要，从创新价值的角度来看，只有程度差别，没有本质区别。

好了，以上是笔者对于设计师素质的理解。在此，无意于对设计师的职责与定位作一个冗长的定义性的表述，这无疑是教条和乏味的。而最终想表达的是，作为"带着镣铐起舞的舞者"是荣耀的，也是浪漫的，因为，这代表着一种坚定的信念——克服重重约束去创造和表现美。

# 第二章 设计——麻烦不断

## 无风险　不设计——设计风险管理

从工业化社会进入后工业化社会，从产品经济发展到体验经济、服务经济，中国正处在经济增长模式转型的拐点，自主创新是产业发展、建设创新型国家的重要核心和发展途径。中国工业设计的发展，对企业的原创设计、创新能力的提升和整个产业的产品革新都起着至关重要的作用。

而另一方面，根据对一些著名企业进行新产品开发的不完全统计，新产品开发项目的综合成功率是25%，发达地区和国家企业的成功率在35%以下，欠发达地区和国家的成功率在5%～10%。设计，从来都不是一件容易的事情，尤其是同企业的产品创新联系在一起则更是如此。

企业产品创新设计是一项系统性、流程性极强的企业生产经营活动。从设计流程来看，一项新产品的开发设计要经历市场调研、开发决策、设计实施、生产加工、销售、回收等环节，在这一过程中，企业需要依照市场调研的信息做出战略决策、制定目标；新产品需要基于设计流程和设计系统完成设计；设计、生产部门需要制定相应的产品质量标准，以满足消费者需求；新产品还需获得知识产权的保护，以保障企业产品创新所带来的效益。因此，设计战略、设计目标、设计流程、设计系统、设计质量和知识产权，是企业产品创新设计过程中最为关键的要素。

而设计的复杂性与艰巨性就体现在上述这些关键要素中，如果将设计过程中所遇到的各种难题和突发状况比作"麻烦"，那么这种麻烦可谓"层出不穷"、"麻烦不断"。在这一章，我们将一同来探讨"麻烦"的成因和表现形式，以求"不厌其烦"，进而"化繁为简"。

## 自大的企业家——战略及目标风险

企业家"entrepreneur"一词来自法语,其原意是指"冒险事业的经营者或组织者"。人们普遍认为企业家是带来改变的原动力,他们给企业带来创造性的想法,并帮助企业增长和盈利,正是由于他们对于企业的重要意义,以及对于经济的贡献,将企业家和经济联系起来已经被当作一种惯例(事实上从20世纪50年代以前对于企业家的大多数定义和引用都来自于经济学),这是对于企业家价值的高度肯定。

从原意上不难看出,企业家是一群具有冒险精神的人,他们驰骋于商海、杀伐决断、雷厉风行,因此,难免会让人觉得高不可攀、难以亲近,甚至经常被认为"自大",而这种"自大"并非完全是对企业家个人性格的描述,它所反映的还有企业家所肩负的重任与所掌握的权利。从设计师的视角来看,企业家们(企业的决策者)拥有着对于设计项目生杀予夺的大权,是整个设计项目战略和目标的决策者,对于设计的影响是最为直接和关键的。

### 产品创新设计战略及其特征

战略一词最早出自于军事和战争,而后在政治、经济和工商企业中有所应用。在西方,"strategy"一词源于希腊语"strategos",意为军事将领、地方行政长官,后来演变成军事术语,指军事将领指挥军队作战的谋略。在中国,战略一词历史久远,"战"指"战争","略"指"谋略",春秋时期孙武的《孙子兵法》被认为是中国最早对战略进行全局筹划的著作。在现代"战略"一词被引申至政治和经济领域,其含义演变为泛指统领性的、全局性的、左右胜败的谋略、方案和对策。

具体到企业经营范围内,依据企业规模大小的不同,又可分为①公司层战略:这是对企业长远目标的描述,是企业的宏观战略,包括经营方向、资金和资源流向、内部组织关系等;②经营层战略:该战略只涉及企业所经营的某一方面,如产品、服务等,也就是大企业所属的次一级独立核算经营单位(事业部)的战略,着重考虑如何改善和提升企业在某项经营业务领域的竞争地位;③职能层战略:职能战略(或称功能战略)重点是最大限度地提高资源利用效率,根据上两级战略的要求,将各种活动和能力协调统一,提高经营效益。以上三层次战略在大型企业内部构成一个有机、统一、分层次的战略体系,它们之间相互作用和制约[1]。

设计战略是企业经营战略的组成部分之一,是企业根据自身情况作出的针对设计工作的长期规划和方法策略,是对设计部门发展的规划,是设计的准则和方向性的要求。设计战略一般包括企业形象战略、产品设计战略,还逐步渗透到企业的营销设计、事业设计、组织设计、经营设计等方面。其特征包括:

1. 高层领导作出决策

由于战略涉及组织的整体,只有高层领导才能全面、综合地考虑到组织的各个层级和方面,有能力调度各种资源,有权力指派各项任务,因此设计战略往往是由高层领导参与决策的。

2. 涉及资源的调配和使用

一项战略决策通常涉及相当数量的资源,如财力、物力和人力资源的使用。资源一经投入就难以逆转,并将决定今后相当一段时期的战略方向,其成功与否的影响是十分深远的。

3. 涉及组织内部的各项职能和事业

战略决策的涉及面通常十分宽泛,如涉及发展方向、竞争重点、组织结构等,因此组织内的各个部门都会受到这种决策所引起的资源、职责分工等的影响。

4. 指向不确定的未来

战略决策是决策者根据内部信息、外部环境的不完全信息所作出的判断,而不是基于完全信息的已知事实,在战略的制定阶段必须考虑多种方案以供在

---

[1] 许庆瑞. 管理学[M]. 北京:高等教育出版社,2005:231.

决策时作出权衡与选择。在变动和竞争的环境中，要想获得成功，在制定未来的变革时不能只是被动地作出反应，还要主动地寻求机会与突破口，因为处于开放系统中的组织，既受到环境的影响，也同时影响外部环境，而这些环境因素基本都是难于或不可控的，因此战略决策的成功与否具有很大的不确定性。

### 产品创新设计的战略风险

设计战略绝不是孤立存在的，它受到企业三层次战略的影响，作为企业经营战略的组成部分，其制定和实施应与企业三层次战略体系高度契合，因此设计的战略风险和企业三层次战略的决策直接相关。

1. 公司层战略的影响

从企业三层次战略体系来看，公司层战略是企业的最高层次和核心战略，它直接关系到企业的定位和发展方向以及企业内部各种资源的调配和部门设置等宏观层面，因此它对于设计战略的影响最为根本。公司层战略通常包括：稳定型战略、增长型战略和紧缩型战略[1]。

（1）稳定型战略的特点是没有大的起伏，通过为成熟的客户群体不断地提供相同品质的产品，保持着稳定的市场份额与组织的投资回报率。这种战略通常被小型企业所采用，因为这些企业主认为他们的经营已经能够很好地满足个人目标；另一类选择该战略的企业，通常是经过多次尝试新的增长方式而屡屡受挫的企业，通过稳定型战略休养生息。

（2）增长型战略是一种通过扩大规模、纵向一体化[2]、横向一体化[3]或多元

---

[1] 邓俊. 浅析设计的战略风险 [J]. 美术大观，2011（3）：137.

[2] "纵向一体化战略" 经济学上，沿产业链占据若干环节的业务布局叫作纵向一体化。纵向一体化是企业在两个可能的方向上扩展现有经营业务的一种发展战略，它包括前向一体化和后向一体化。

[3] "横向一体化战略" 是指为了扩大生产规模、降低成本、巩固企业的市场地位、提高企业竞争优势、增强企业实力而与同行业企业进行联合的一种战略。

化[1]来实现公司层次上增长的战略。具体是指通过扩大自身产能、员工数量、销售规模来实现增长；通过向企业经营范围的上下游延伸或者合并同行企业来实现增长；或是通过并购相关或非相关行业企业来实现增长。这种战略通常被正处于上升过程中并拥有相当实力的企业所采用。

（3）紧缩型战略是当公司面临经营困难，并希望通过努力克服困难得以生存而紧缩经营的一种战略。通常会对企业的业务作出调整，如淘汰一定的产品种类、放弃一部分市场层面、紧缩开支、精减人员、提高效率、推迟设备更新、削减广告投入、推迟或停止研发项目等。

企业对自身定位的准确性、企业自身经营状况和规模实力的客观性，直接关系到企业应选择何种类型的公司层战略，基于错误的公司层战略所制定和实施的设计战略往往无法发挥设计战略应有的功能，甚至加速企业经营的失败。

2. 经营层战略的影响

经营层战略是研究组织中各个业务经营单位（事业部），如何与竞争对手进行竞争的战略。与公司层战略相比较，制定经营层战略是为了获取竞争优势，这些优势主要表现在产品的性能、价格、质量与可靠性、交货期、售后服务、兼容性等方面，因此比公司层战略微观而细化，它对设计战略的影响最为直接。常用的经营层战略包括成本领先战略、特色经营战略和重点市场战略。

成本领先战略要求保持成本水平的领先地位使得企业在产品价格相仿的条件下享有更高的利润，从而在同行业竞争中获得有利地位。采用这种策略要求在初期有较大的投入，迅速铺开市场，获得较大的市场占有率，同时具备高效的生产设施以便获得一定规模的产能，从而降低成本。对设计战略的要求在于如何通过企业形象设计便于品牌推广，通过产品设计有效地提高生产效率、降低成本。

特色经营战略要求企业所提供的产品或服务是与众不同的，通过差异化的

---

[1] "多元化战略"是指企业同时经营两种以上基本经济用途不同的产品或服务的一种发展战略，可以避免单一经营的风险。

特征来获得竞争优势。这种差异化的特征可以来自于产品的外观、性能、材质、使用方式、销售模式或者售后服务等诸多方面，但同时由于差异化的特征需要在研发和宣传上加大投入，往往造成产品的成本高于普通商品，这一点也需要在采取此项战略时通盘考虑。对于设计战略的要求在于，如何全面地运用设计手段，使产品有重点地获得差异化的特征，同时需要通过巧妙的设计来协调研发和推广成本与产品售价之间的关系。

重点市场战略是将自己的产品或业务重点放在某一地区或某一特定消费群体中，通过为特定的地区或消费群体服务，占有稳定的市场份额，进而降低成本并具有某种特色，从而获得竞争优势。对于设计战略的要求在于，加强设计调研的力度，发现特定的地区、特定的消费群体、特定的消费行为和习惯以及有针对性地展开设计满足上述情况。

企业所采取的竞争战略与设计战略的结合度更高，因此经营层战略对设计战略的要求更为具体，影响也更为直接。设计战略是实现经营层战略的必要手段。

3. 职能层战略的影响

职能层战略是保障企业各项战略目标得以实现的具体路径和手段，通过制定具体化、精确化、明朗化的政策来保障各项工作的实施。职能层战略实际上是企业内部所有职能部门各自战略的统称，看似笼统，但对于各自部门来说又是生产各种规章、制度和行为细则并贯彻实施的关键，其任务还包括协调企业各职能部门战略的配合关系，使企业总体战略目标得到细化和落实，并产生具体的应对战术等。

企业的职能层战略必须囊括企业所有的职能领域，其中起主要作用的职能战略包括：研发战略、生产（制造）战略、营销战略、财务战略及人力资源战略。在不同类型的企业中，或是在企业发展的不同阶段，抑或是企业在面对不同的市场环境下，企业中各职能战略所处的地位和作用也会有所区别。如依靠高技术研发来获取市场的企业，研发战略就成为主导战略，而以市场占有率为主导的企业中，营销战略往往占据主要位置。

设计战略也是一种职能战略，是以设计为核心的企业的主导战略，与其他职能部门战略的区别在于,设计战略所涉猎的范围更宽泛,能够介入企业经营战略的层级更多。职能层战略对于设计战略的影响在于,如何通过协调各职能部门战略,使设计战略充分发挥应有的作用。

4. 企业规模和层次的影响

不同层次的企业拥有其各自的特征。OEM[1] 类型的企业以代理加工为主要业务,自身不具备研发能力,但具有较强的产品加工能力。当获得自主开发和设计产品的能力后,若逐步增大研发投入,能够向更高层级的 ODM[2]、OBM[3] 企业类型转化。而 OSM[4] 类型企业是企业高度成熟的标志,往往具备难以被超越的核心技术,它以高品质的产品和完善的商业运作系统构成行业的典范,并以此规范行业标准,这一类型的企业包括微软、英特尔、IBM、波音公司等。

同时,不同层次企业对于设计的应用也是不同的。香港理工大学设计学院 John Heskett 教授认为,在不同层次的企业中设计的应用程度是不同的,设计师在企业中的作用和角色也不尽相同[5](图 2-1)。不同的企业层次需要不同的设计策略,OEM 类型的企业主要以产品代工为主,设计投入的资源较少,因而基本不存在设计风险,企业风险仅来自原材料品质和加工过程中的工艺、技术、人力资源等风险,但由于企业缺乏自主知识产权的产品,仅赚取加工费,产品生产为企业所带来的利益较少。ODM 类型的企业具有自主开发和设计新产品的

---

[1] "原厂委托制造商" OEM(Original Equipment Manufacturer)是受托厂商按照委托商的需求与授权,依特定的条件而生产。所有的设计图等都完全依照上游厂商的设计来进行制造加工。

[2] "原厂委托设计、制造商" ODM(Original Design Manufacturer)是设计制造厂商(通常不具有产品品牌),凭借其高效的产品开发速度与制造优势,独立开发出具有市场竞争力的产品,以满足买主需求(买主是指拥有产品品牌的企业)。

[3] "原品牌制造商" OBM(Original Brand Manufacturer)是拥有产品品牌及企业形象的厂商,通过优质的商品逐步积累形成品牌美誉度,通过品牌效应从而获得更高的产品附加值。

[4] "原战略制造商" OSM(Original Strategy Manufacturer)是拥有核心技术及完善的商业运作系统,从而制定行业标准,引领行业发展的最高级别的企业层次。

[5] http://wiki.mbalib.com/wiki/ 词条:设计管理. MBA 智库百科,2010-5.

能力，企业的设计资源投入较大，新产品的设计与开发具有一定的风险性，但成功的设计也将为企业带来较大的回报。对于 OBM、OSM 类型的企业，设计所涉及的不再是一个单一的产品，而是围绕企业整体产品品牌战略和企业发展战略的全面规划参与运作的[1]。为了要最大限度地避免风险和取得设计价值的最大化，企业在发展过程中，必须要根据企业目前的基本经营特征和设计在企业所处的位置与作用，结合企业的发展目标，对设计做出正确的定位。总体来说，不同类型、不同层次的企业需要根据自身特点选择不同的设计策略。

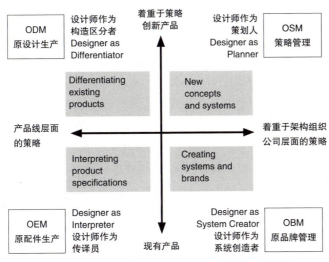

图 2-1　设计师在不同层级企业中的角色和作用

5. 自身特点的影响

设计战略自身的特点也直接影响战略的效果。由于设计战略往往由企业高层参与决策，因此决策人的职务与知识背景，决策团队人员的多样性与客观性

---

[1] 张承耀. 建造企业帝国 [M]. 广州：广东旅游出版社，1997.

十分关键,这将直接影响到设计战略决策的科学性和有效性;由于设计战略涉及资源的调配和使用,而资源一旦投入就难以逆转,因此要十分关注资源运用的有效性,要求在正确的时间运用适当的资源产生有效的成果;由于设计战略涉及组织内部各项职能和事业,因此要全盘考虑各部门职能,要做到分工明确、相互配合、突出重点;由于设计战略是基于对外部环境不完全信息所作出的判断,因此与生俱来地具有不确定性,要将造成决策失败的不确定性降至最低,必须要完整客观地掌握组织内部信息,尽可能获取更多的、翔实的外部信息,而信息的获取也必须讲求动态性和时效性。

### 产品创新设计目标及其特征

目标是个人、部门或整个组织期望达到的成就和结果,也是行为的导向和计划过程的起点。就管理学对于企业目标的界定来说,企业组织的目标是组织在特定的期限内,考虑其外部环境和内部资源的可能条件下,在执行其使命时要求达到的程度和取得的成效,且目标是否达成是可以衡量的[1]。

细化到企业组织层面,目标又可以按照时限分为长期目标与短期目标;按照组织的不同层次分为高、中、基层目标;按照目标设置的领域分为企业的经营目标和非营利组织的目标等。从组织目标的作用来看,目标是指导战略规划和行动的基础、是作出管理决策的指导准则、是作为分配资源和理清轻重缓急的依据、是衡量组织工作成效的标准、是协调组织成员共同努力的方向标。

设计目标是企业组织目标的一种,是达成企业战略意图的重要支撑,设计目标具备上述目标类型划分和目标作用的全部特性,同时也具有其自身特征。从表意的层面来描述设计目标,可以简单地看作是设计的委托方(甲方/决策部门)和承接方(乙方/设计部门)对于设计项目结果的期待;从设计目标的表象来说,应该包含设计方案、设计报告、设计合同、口头说明以及设计的委托与承接方之间尚未表述的部分;从设计目标的内容组成来说,可分为设计的技术目

---

[1] 许庆瑞. 管理学[M]. 北京:高等教育出版社,2005:205.

标、设计的艺术目标、设计的功能目标、设计的经济目标和设计的市场目标等。而这些目标的实现也是基于设计的委托方和承接方相互努力的结果。

### 产品创新设计的目标风险

设计目标能否达成受到其自身组成各部分因素的影响，其总体目标风险的来源集中体现在设计的技术、艺术、功能、经济和市场等子目标中。

1. 产品创新设计的技术目标风险

设计的技术分为生产技术和管理技术两方面：前者通常指的是生产的技术知识、技能与经验，包括产品设计、制造工艺、材料配方、生产设备、生产工具、产品测试、生产监控、维修与保养等；后者是指经营管理的方法、步骤、经验与技巧，包括机构的组织形态、规章制度和激励机制等[1]。进而可将设计的技术目标确定为影响产品技术功能的产品技术目标、确保产品质量的生产技术目标、影响设计质量与效率的设计技术目标，前两者通常是由掌握现有产品生产技术和决定未来技术投资方向的设计委托方所设定的，而后者是由掌握设计技术并努力提升产品技术功能的承接方所制定的。

现代企业的技术水平集中反映在生产设备、生产工艺、生产成本、生产环境、劳动强度等方面，这些直接关系到企业的市场适应能力与产品竞争力，企业十分重视对于技术的发展研究、更新和改造，因此设计委托方掌握着产品竞争战略的主导权，掌握着设计任务的制定权，在产品技术目标的制定上占有主导地位。而设计的承接方往往依照委托方所提出的技术目标，结合自身对于技术、产品、市场的信息收集与理解，运用其设计能力提出反馈，在产品技术目标的制定上处于从属地位。

设计的技术目标是由设计委托方与承接方共同制定的，因此，设计的技术目标风险来自于两方面：一是设计委托方采用何种技术竞争策略，其是否能够根

---

[1] 尹定邦. 设计目标论[M]. 广州：暨南大学出版社，1998：80.

据外部环境和自身特点,从技术领先型[1]、技术差别型[2]、技术跟进型[3]等策略中选取可行的技术竞争策略,技术竞争策略决定着技术目标的科学性和合理性;另一方面来自于承接方所采取的合作和应对策略,其中包括承接方能否准确理解委托方所采取的技术竞争策略,能否全面认识并运用企业现有资源,能否借助相关产品的技术资源,能否在技术应用领域有所拓展等,决定着技术目标的可操作性和有效性。

2. 产品创新设计的艺术目标风险

设计的艺术性包括设计的艺术形式和艺术功能,设计的艺术形式通常是指造型、色彩、材质、肌理、装饰手法等,艺术功能则是艺术形式所表现出的审美品位、造型风格、舒适感受、信息传达、情绪影响等[4]。现代产品设计的艺术性与技术性并不能机械地划分,例如通过某种特殊的材料加工技术或特别的结构稳定技术也能体现出强烈的艺术功能,因此,设计的艺术目标就是将设计的艺术形式和技术形式完美结合,达到其艺术功能。

设计的艺术目标相较于技术目标是一个无法量化的、感性的目标,并不能通过制定数据加以衡量,因此其不确定性很大。设计委托方往往具备技术优势而非艺术优势,因此在提出设计的艺术目标时多采取横向比较(与市场同类产品比较)和纵向比较(与自身产品比较),要求承接方设计出体量更小巧、色彩更跳跃、造型更时尚或更大气、更沉稳、更高档的新产品;而设计承接方的强项

---

[1] "技术领先策略"是指企业通过自主、合作研发所掌握的技术在某一领域处于领先位置,通过技术领先获得在技术上具备竞争优势的产品,或直接通过技术合作、转让从而使企业获利。技术突破需要大量的企业资源的投入,因而要求企业具有很强的综合实力。

[2] "技术差别策略"是指企业根据自身特点,着重对某一特定领域的技术通过特有的方式、方法,或借用某种成熟技术运用于特定领域,从而获得某种程度的技术突破,或达到相应的技术要求。技术的差异化竞争相对于技术领先型竞争而言,企业投入的资源相对较少,往往被中小型企业所采用。

[3] "技术跟进策略"是指企业通过学习、模仿或取得技术转让等方式掌握有一定竞争力的技术,由于其技术并非来自企业原创,其所获技术往往有一定的滞后性,但因不涉及技术研发,因此企业的资源投入与风险相对较小。

[4] 尹定邦. 设计目标论[M]. 广州:暨南大学出版社,1998:88.

在于设计的艺术性，凭借其设计能力和经验技巧往往能产生大量新奇的设计方案，从制定设计的艺术目标角度来看似乎更具有主导性，但事实却是设计的委托与承接方在产品设计的艺术性上往往存在分歧，甚至是整个设计过程中最为棘手、矛盾最为尖锐的部分。

设计的艺术目标风险主要来自于设计委托方与承接方对于艺术目标的制定和共识。委托方往往缺乏艺术认识，虽然能够举出竞争对手相关产品的具体型号，但在设计的艺术性上鲜有具体而准确的期望，多数情况下会让销售部门或企业高管参与评判设计艺术性的优劣，这种评判多建立在市场经验和个人好恶的基础上；而设计承接方往往以产品的缔造者和谙熟设计的艺术性自持，对于设计委托方提出的意见存在主观的不认同，且部分设计师在设计过程中往往怀有强烈的自我意识。强烈的自我意识虽能诞生出别具一格的设计方案，但产品的造型风格和艺术性却是基于品牌内涵和产品线，历经岁月不断积累所形成的，所谓一脉相承的造型基因并不是由某一位设计师缔造的。

基于学科背景和认识上的差异，设计的艺术目标是否达成势必引入第三方的评判意见——消费者，实际上引入消费者建议的做法早有先例，有些企业甚至在项目设立之初就开展了用户意见的收集。用户反馈的获得也必须遵循其科学性，如受访人群的选择、介入的时机、问题的设置、讨论的方式、结论的获取等。由于一些不成功的消费者研讨案例，部分企业和设计界人士也提出了截然相反的意见，认为消费者的观点过于琐碎和实际，并不利于划时代的创造性设计的诞生。不论如何，设计的艺术目标是否达成存在着极大的不确定性，不仅是由于缺乏评判标准，更是由于视觉感官对于产品设计的重要性使得这一问题更加艰巨。

3. 产品创新设计的功能目标风险

从产品功能的重要程度划分，可分为基础功能、配套功能和附加功能，以手机为例，通话和传输短信息是其基础功能；优秀的人机尺寸和界面设计、清晰的屏幕、稳定的信号、高质量的通话等这些保障基础功能得以实现的功能，可视作其配套功能；而拍照、上网、游戏和移动办公等则是其附加功能。从产品的应用和审美角度来划分,产品所采取的技术形式是为了满足使用功能,产品所采用的艺术形式是为了满足产品的审美功能,设计过程中所制定的技术目标和艺术目标,从某种程度上讲就是产品的功能目标。

功能目标是创造和评判产品核心价值的关键,达成功能目标的前提是设计方案便于生产、利于销售、满足消费。便于生产是指产品的材料、结构、加工技术、装配工序等可以最大限度地保证质量、削减成本、提高效率;利于销售是指产品的形态、色彩、包装、信息传达等利于储存、运输、展示、售卖、携带或配送以及售后维修等;而三者中最重要且最具风险的因素是满足消费。因此,设计的功能目标风险主要来自于产品的功能定位是否能够满足消费需求。

消费需求是指消费者对于以商品和劳务形式存在的消费品的需求和欲望。随着人们物质文化生活水平的日益提高,消费需求也呈现出多样化、多层次,并由低层次向高层次逐步发展,消费领域不断扩展,消费内容日益丰富,消费质量不断提高。这一趋势也为企业在产品创新过程中开发出满足消费需求的产品提出了更高的要求。从传统意义上理解消费需求,应包括对商品的使用价值需求、审美需求、时代性需求、社会象征需求与优良服务的需求,而消费需求会随着时代进步和社会变迁发生改变,近年来对于消费需求的变化趋势研究得出了这样的结论——消费需求呈现出广泛化与高度化、情感化与感性化、个性化与多样化、健康化与绿色化、复合化与联合化[1]。消费需求直接关系到功能目标的选取、侧重、实现方式等,掌握消费需求的变化趋势对于制定产品的功能目标至关重要。

4. 产品创新设计的经济目标风险

从广义上来看待设计的经济目标,应该包括企业通过其设计研发的产品销售获利、配套企业通过加工制造和商品流通获利、政府通过商品税收获利、消费者通过使用商品获利等,而狭义的设计的经济目标可被看作是企业对于未来商品盈利目标的期待。企业通过设计进行产品创新,付出大量的劳务、管理、

---

[1] 崔迅,张方步. 消费需求主要变化趋势浅析[J]. 商业研究,2007(3).

设备、资金等成本，通过商品的销售获利用以支撑企业延续和发展。一般而言，企业的设计经济目标包括成本目标和利润目标，从产品创新设计的过程来看，设计的经济目标是对产品各方面成本支出的约束条件，从结果来看，设计的经济目标则是对设计成果效益的预期。

因此，设计的经济目标风险主要来自两方面，一是成本控制，一是盈利模式。成本控制要求在生产的劳动、设备、管理等费用不变的情况下尽可能提升产品的质量和产量，这要求在设计时需一并考虑，诸如原材料和加工技术的选取、简化结构和装配工序、精简零件数量、降低用料和损耗、便于运输储存等。盈利模式则更为复杂且更具不确定性，盈利模式是企业在市场竞争中逐步形成的企业特有的赖以盈利的商务结构及其对应的业务结构。盈利模式分为自发的盈利模式和自觉的盈利模式两种：前者是自发形成的，企业对如何赢利，未来能否赢利缺乏清醒的认识，企业虽然盈利，但赢利模式不明确、不清晰，其赢利模式具有隐蔽性、模糊性、缺乏灵活性的特点；后者是企业通过对赢利实践的总结，对赢利模式加以自觉调整和设计而成的，它具有清晰性、针对性、相对稳定性、环境适应性和灵活性的特征。任何企业都有自己的商务结构及其相应的业务结构，但并不是所有企业都能盈利。

5. 产品创新设计的市场目标风险

市场是商品经济的产物，哪里有社会分工和商品交换，哪里就有市场。从市场营销的角度可将市场分类为消费者市场、生产者市场、销售者市场、政府采购市场、现实市场、潜在市场和竞争市场等。设计的市场目标是基于企业战略而建立的分支目标，与企业的经营层战略关系紧密，既是企业经营战略指引下设定的预期结果，也是实现企业经营战略的过程起点和导向。设计的市场目标是建立设计的技术、艺术、功能、经济目标的依据，只有明确的市场目标才能使上述各目标有的放矢，因此设计的市场目标应当是被最先确立并贯穿设计全过程的。

设计的市场目标风险主要来自于对市场的认识和选择。认识市场需要对该市场的生产、供应、需求、价格、竞争关系等进行调研，此外该市场所处地区的地理气候、法律法规、民族、宗教信仰、消费族群、消费习惯等也应重点考察。在集合上述信息的基础上还应进行市场细分，如按照供求关系可划分为买方市场[1]、卖方市场[2]、完全竞争市场[3]和垄断市场[4]等；按照消费族群可划分为婴幼儿市场、青少年市场、老年市场、男性市场、女性市场等；另外还可根据销售状态、产品类别等加以划分。企业应根据自身实力和产品特点来进行市场定位，以汽车行业为例，丰田、通用、大众所代表的实力雄厚、产能巨大的汽车厂商，拥有从低端到高端的规模庞大的产品序列，为了更有效地推行全球战略，他们提出了"全球车"的设计概念，即开发一种满足全球绝大部分市场需求的适销产品，达到压缩产品线，降低研发、生产、销售、维护等成本的目的，从而获得稳定的全球竞争优势。所谓"众口难调"，为了平衡不同市场的消费者喜好，"全球车"的概念必定使产品的设计通用化、均衡化和平庸化，即使没有"亮点"，也不至于"糟糕"，这种设计的后盾是基于长期提供优质产品和服务所沉淀而成的品牌价值。而对于那些生产规模小、产品类别单一、资金和技术实力较弱的车商并不会，也没有必要采用这样的市场策略，他们往往会锁定某一特定消费市场进行差异化竞争。

### 案例——设计的战略和目标风险

按照理论上的手段与目的的逻辑关系，战略是为了达成目标所采取的手段和方法；目标是个人、部门或整个组织期望达到的成就和结果，在组织规划的实行过程中，目标既是出发点又是归宿点。由于战略和目标之间的关系如此紧密，以至于许多组织在实际规划和项目运作的过程中并不把它们截然分开。在此，将通过相关案例说明产品设计的战略和目标风险。

---

[1] "买方市场"指供给大于需求、商品价格有下降趋势，买方在交易上处于有利地位的市场。

[2] "卖方市场"指供给小于需求、商品价格有上涨趋势，卖方在交易上处于有利地位的市场。

[3] "完全竞争市场"指竞争不受任何阻碍和干扰的市场结构。在完全竞争市场，买卖人数众多，买者和卖者是价格的接受者，资源可自由流动，产品同质，买卖双方拥有完全的信息。

[4] "垄断市场"是一种与竞争市场相对立的极端形式的市场类型，指只有唯一供给者的市场类型。

以西门子公司在 2003 年 2～12 月推出的手机品牌 XELIBRI 为例，在 10 个月的时间内 XELIBRI 手机先后发布了八款样式独特的手机（图 2-2），前六款发布后上市销售，后两款发布后却从此再无声息。市场的表现能够解释其最终未能上市的原因，XELIBRI 系列手机的生命周期只有短短的一年时间，即使在被热捧的前 10 个月中它的销量也仅有 78 万部，这一数字不到西门子品牌手机全球销量的 2%，于是在 2004 年西门子宣布暂停该品牌的生产线并采取降价销售的策略。XELIBRI 系列手机失败的原因可能正如一位名为 Amy 的美国手机用户所说的那样：如果把 XELIBRI 手机定位于高端用户，那它的价位显得低了一些，而且在功能上也无法满足高端人士的需求，可 XELIBRI 手机的价位在大众看来又显得过高，难以接受，理性的消费人群是不会只为时尚而花费大把金钱的[1]。显然，西门子公司在确立 XELIBRI 手机的市场定位时作出了错误的判断，纵使在之后的外观设计如何出色，质地如何精良也无法挽救该产品失败的命运，因为在设计战略和目标阶段就没有真正把握成功的关键，因此之后的其他设计环节也只是徒劳。

图 2-2　XELIBRI 系列手机

反观由苹果公司推出的 iPhone 系列手机，从 2007 年 6 月上市以来一直受到市场的追捧，其 iPhone4 手机发布首日的订单突破 60 万部，一举创下该行业

---

[1] 佚名. Xelibri. 风景. 互联网周刊，2004（7）.

## 无风险　不设计——设计风险管理

最高单日预订记录[1]。苹果iPhone系列手机的成功绝非偶然，苹果公司历来是产品设计与技术创新的先行者，"创新"一词早已在苹果公司身上留下了深刻的烙印。iPhone系列手机得益于苹果公司之前在其iPod系列产品上优异的界面设计，丰富的人机互动模式以及网络音乐商店的营销模式，在iPhone系列手机上除了一并继承既有产品的优势之外，更是借助数量庞大的"苹果爱好者"在网络上自发编制和上传的不计其数的应用程序，使iPhone系列手机更具可玩性，使产品的生命周期进一步延长。不难看出，苹果公司在iPhone系列手机设计战略的选择上十分明智：借助业已形成的技术、品牌和产品形象优势，融入更加开放的网络环境和消费者互动模式，使该产品很好地与苹果公司旗下其他产品如iPod、iPad、iMac等形成一个有机的整体（图2-3），以产品线的合力进一步争取市场并培育忠实的消费族群。由此可见，产品创新成败的核心要素是在设计的战略和目标阶段确立的，设计的战略和目标是整个产品创新设计的关键。

图2-3　苹果系列产品

通过这一节的表述，我们会发现，作为企业家所需要关心的远不止财务报表那么简单。面对设计项目的战略和目标问题，决策者需要综合考虑的因素远比设计师更多。设计师们也完全有必要了解决策背后所蕴含的各种因素和原理，或许当了解这些之后，会更加客观地看待决策过程并理解这种所谓"自大"的由来。

---

[1] 孙永杰. 长尾效应：iPhone正在蚕食诺基亚帝国？. 原创-IT, 2010（6）.

可喜的是，现代企业的管理制度和组织构架中，扁平化的趋势越来越明显，许多创新型企业，尤其是当下最为活跃的小微企业，掌管设计部门的负责人会出任 VP（Vice President，副总裁），作为具有管理能力的设计专业人士的代表，直接参与企业最高层级的各项决策，也正是他们和职业设计师们的努力，为企业的产品创新插上了翅膀，为具有冒险精神的企业家们"保驾护航"。

无风险　不设计——设计风险管理

## 偏执的设计师——流程及系统风险

在相当长一段历史时期里（时至今日），设计师的主要工作是造型设计。现代设计的概念诞生于工业革命，在此之前的手工艺时代，并没有"设计"这个行业，当时的造物者本身就是造型者，同时也是生产者和销售者，在这个时期，造型与造物活动高度融合。工业革命早期，原有手工造物的设计与工艺不能与机器化大生产相适应，出现了产品品质的下降，在1851年，第一届世界工业博览会上，暴露出了当时工业产品粗制滥造的状况，其中，来自英国的评论家约翰-拉斯金的批评最为尖锐，这直接催生了"工艺美术运动"的兴起，人们开始反思造型对于造物的意义。直至1907年"德意志制造同盟"的出现，这是一个促进设计发展的舆论集团，他们把批量生产和产品标准化作为现代设计的基本要求，并确立了设计的美学标准，自此，现代的工业设计开始走向专业化，造型与造物，在分工协作中再度融合。

在互联网技术的刺激下，人们的生活与网络息息相关，产品的形态亦随之改变，原有的物质产品开始与非物质产品紧密结合（交互设计开始兴起），原有产品的内涵和外延进一步扩展，设计的分工愈发细化。同时，随着新型工业化概念的提出（如德国工业4.0、美国工业互联网、中国制造2025），对原有的产品创新模式和设计流程提出了颠覆性的改革方案，基于这一背景，设计师们再也不能仅仅局限于产品造型这一延续了上百年的"看家本领"了。

不论如何，在产品创新过程中，设计的流程和系统是与设计师群体联系最为紧密的，是设计师参与度最高的部分。如果将"偏执"理解为对于设计方案的精益求精，那么这种"偏执"应当被继承，而如果"偏执"的固守原有的设计领域和技能，终究会被时代所淘汰。因此，在激烈的变革中，设计师群体应该更加系统全面地看待设计流程并适应新的设计系统。

### 产品创新设计流程及其特征

根据《牛津词典》对于单词"process：流程"的解释，是指一个或一系列连续有规律的行动，这些行动以确定的方式发生或执行，导致特定结果的实现；国际标准化组织在ISO9001：2000质量管理体系标准中对流程的定义是："一组将输入转化为输出的相互关联或相互作用的活动"；从工业品生产的角度来看，流程是指从原料到制成品各项工序安排的程序；在管理学中通过对流程要素的分析，得出了流程具有目标性、内在性、整体性、动态性、层次性和结构性的特点。

由于流程是将企业的战略和目标具体付诸实现的过程，因此在决策确立之后，更多的是从执行的角度把决策逐步落实，而不考虑改变组织的决策。从另一方面来看，流程的科学性和有效性直接关系到企业战略和目标的达成，关乎企业产品创新的成败。在20世纪80年代末90年代初，管理学界提出了强调企业的组织形式以"流程导向"[1]替代原有的"职能导向"[2]，从而构建面向顾客满意度的业务流程，即"流程再造"，目的是从根本上考虑和彻底地设计企业的流程，使其在成本、质量、服务和效率等关键指标上取得显著的提高，从而提升企业竞争力，足见流程的重要性。

狭义的设计流程按照下列内容依次执行：设计立项、立项评审、设计准备、方案设计、设计评审、技术文件制作、样品试制及设计验证、设计输出、小批量试制、设计更改、设计确认。狭义的设计流程只包含产品开发从项目的设立到最终设计方案的确定这一过程。而随着现代产品开发活动中设计的重要性日趋突显，产品设计与产品开发各环节的融合度进一步提升，以至涵盖整个产品开发过程，因此，广义的产品设计流程还应囊括产品的生产与销售、回收与再生环节。设计流程必须依照企业的战略意图和所制定的设计目标严格执行，强调执行力和规范化、强调与企业各部门的协作、强调全局最优而非个别最优。

---

[1] "流程导向"是旨在以达成总体工作目标为宗旨，采用行为逻辑结构的一种管理学思想，是以流程及流程具体化为导向的管理思想、方法，是以技术集成为工作过程的导向体系。

[2] "职能导向"是以职能型组织机构设置为基础的，各职能部门完成该部门职责和既定任务的导向体系。

无风险　不设计——设计风险管理

## 产品创新设计的流程风险

流程是由至少两个工序组合而成的，每个工序或称环节自身的要素可能会导致风险，而环节与环节之间的衔接过程也可能产生风险，因此设计的流程风险要考察流程中的各个环节存在的风险和各个节点之间衔接的风险。

1. 产品创新设计流程各环节风险

从设计流程来看，其内容应包括产品需求与调查、产品开发与设计、产品展示与鉴定、生产与销售、回收与再生环节。

企业通过提出产品需求与开展调查获得需求分析的结论，将其作为企业制定产品开发战略和设计目标的依据，并在此阶段确立战略和目标。从总体来看，此环节是设计战略风险和设计目标风险的源头之一，从细节来看，此环节的风险因素来自于调研的真实性和准确性。

当确定战略和目标之后进行产品开发设计，具体的实施过程是通过概念设计将战略目标进行初次的、但十分全面的构想，这一过程表现为一个由粗到精、由模糊到清晰、由抽象到具体的不断进化的过程。概念设计的目的是将战略和目标第一次转化为直观的、可视化的产品形象，从而展示产品的理念、功能、使用方式、市场定位、造型风格、体量大小等，并以此初次评估战略和目标的可行性。由于概念设计是将无形的设计目标转化为有形的可视化/可触摸的概念方案的过程，因此在此环节存在着很大的不确定性。当概念设计完成之后，详细设计将依照概念设计所得出的结论，进一步更加全面的细化，从而确定产品的造型、色彩、结构、质地以及实现该产品所需的材料、工艺等具体问题。在此阶段将完成产品在加工之前所需的各种参数的设定，该阶段目标能否顺利达成是对企业产品开发流程和各部门系统配合的严峻考验。同时，无论是概念设计还是细节设计都应建立在原创性的基础上，在设计的技术选择和设计方案的阶段评估时都应介入对专利权的考察，以避免专利权纠纷给产品开发带来的负面影响。

产品展示与鉴定环节，是通过样机的试制、评测，从而评估产品开发设计的结果是否符合战略和目标要求，是在投入大批量生产之前的一道自检程序。该阶段将对设计结果进行全方位的展示和评测，并以此为依据对设计结果作出相应的修正，保证批量生产得以实施，同时也是对产品质量制定标准和确立知识产权的阶段。产品展示与鉴定的风险在于：评价体系是否健全，测试项目是否全面，测试手段是否正确，测试数据是否真实有效，评价指标的选取是否准确，评价是否客观公正等。

生产与销售环节是将设计转化为商品并创造价值的阶段，应通过设计合理简化产品结构、精简工序、便于生产，降低废品率；通过设计创造出结构简单、资源节约、便于运输储存、适于展示营销的产品包装，进一步提升产品的竞争力。生产制造的风险主要来自于三方面：一是设计本身的质量；二是企业生产技术水平；三是原材料的供应。而销售环节的风险来源更加多样化，从设计的角度来看，销售环节的风险主要来自于地域性的差异、品牌价值、竞争对手、销售模式和营销手段等。

在回收与再生环节，充分考验产品设计之初对于节能环保理念的把握。优秀的产品在做到易使用、高品质的同时，更应该考虑制造、使用和回收过程中的低能耗和无害化。工业产品具有大批量生产的特征，产品在不具备使用价值变成工业垃圾之后加剧了环境的污染，随着人们环保意识的增强，废旧产品的回收与再生在近些年受到持续关注。回收与再生的风险不会立即显现，它对环境的破坏将是渐进和持续的，因此最终会遭遇消费者的抵制以及对于产品品牌的不信任。

2. 产品创新设计流程各环节衔接风险

流程中各环节的衔接，如同人体各部分的关节，关节使骨骼连接在一起，通过肌肉的张弛带动骨骼来完成神经所传导的指令，从而实现人体的各种动作。流程中各环节的衔接只有像人体关节那样做到联系紧密、相互配合、信息畅通才能使业务流程顺利有序地开展。

流程中各环节的衔接风险可反应在上下游工序的匹配度上，涉及流程设置的科学性，如前一阶段所完成的内容是否为下一阶段所需；涉及阶段成果的完整性，如上一阶段的成果能否为下一阶段工作提供完整的内容和信息，使下一阶段工作得以顺利开展；涉及阶段成果的时效性，如在整个开发周期框架下，上阶段所耗费的时间是否挤占下阶段的工作时间，会直接影响下一阶段工作的效果；

还涉及阶段成果的反馈机制，关系到效果的及时修正。

同时，流程中各环节的衔接风险还可反映在各部门的协调度上，产品设计开发需要调动企业内各部门资源，如产品需求与调查环节，需要市场部门、设计部门通力配合，通过对资讯的搜集和整理得出结论，供企业的决策层制定产品开发战略和设计目标；产品开发与设计环节，需要设计部门会同生产部门确定产品的技术指标和实现手段，会同市场部门确定产品的外观造型、尺寸质量、色彩质地等，会同人力资源部门，获取企业在部门人才需求上的支持等；在产品展示与鉴定环节，设计部门、生产部门、市场部门要将设计方案全面直观地加以展示，并在产品大批量生产之前将设计的技术细节、加工方式、运输方式、销售模式和包装方式逐一确定，等待决策部门对该设计项目的最终定案；生产与销售环节，设计部门需要根据生产部门和市场部门的反馈意见进行相关的信息储备，为之后的产品开发项目积累经验，在必要的时候设计部门还需根据反馈对设计作出及时的修正；回收与再生环节，设计部门要和售后部门通力合作，找出改善产品使用感受以及易于售后维护、回收再生的新的设计思路。除此以外，设计部门还需要和企业外部的相关部门接触，例如政策法规的制定部门、质检与环保部门、专利权管理部门、物流与销售渠道、广告与传播媒体等。这对设计部门人员的沟通素质提出了很高的要求，同时也要求设计部门的工作成果要能够跨部门边界、跨学科背景，易于理解和交流。

### 案例——设计的流程风险

设计流程的风险来自流程中各阶段的风险和各阶段衔接过程中的风险，流程自身的科学性和完整性决定了各阶段的工作内容和各阶段的衔接形式，关系到产品研发的效率和最终效果。然而，构成科学和完整的设计流程的关键因素至少包含两个方面：一是企业对设计的认知，这关系到企业在产品研发过程中对设计力量的投入；另一个是设计从业人员的业务素质，这关系到设计在产品研发过程中的介入程度。

企业所处的发展阶段的不同，对设计的需求不同，设计在企业发展和产品创新中所处的地位也不相同。尽管我国中小企业目前正努力尝试摆脱人力密集型的发展模式，但设计并未成为使企业发展壮大的核心竞争力，这其中的原因是复杂的，许多企业至今未能真正理解设计的含义以及认识到设计具有能够为企业赢得效益的潜在价值。

中小企业因其自身实力和发展阶段的局限性，往往采取委托设计的方式来实现产品的更新换代，因此企业与设计方之间合作的方式和层面对产品创新成果起着关键作用。Mr. Lu 是笔者的同事，受企业的委托展开一款产品的设计工作。在合作初期，该企业仅对产品的外观提出修改要求，合作所涉及的层面较浅，设计内容单一。随着合作的深入，该企业逐渐认识到设计可以渗透到几乎企业产品研发的各个环节，因此更加重视对设计力量的投入，在企业内部为 Mr. Lu 配备了专门助手，从产品的市场调研、立项、设计、生产、包装、销售和售后维护全方位展开合作。通过对比，相对之前仅对外观进行设计，全面合作所产生的效果要更加显著。用 Mr. Lu 的话来说：设计是一个系统工程，如果设计不能全面地介入产品研发的全过程，就不能形成科学、完整的设计流程，其结果就是设计成果不能通过系统地整合从而形成完整的价值。而企业对于设计的认识也是逐步转变的，从起初认为设计就是指设计外观造型，到设计可以渗透、贯穿于产品创新的全过程，这既需要企业肯定设计的价值，又需要设计从业人员具备相应的业务素质。

另一方面，高校设计专业所培养学生的专业素养参差不齐。在某些高校的教学过程中虽有产品设计流程，或称产品设计原理方面的课程设置，但多流于原理的解释，鲜有结合实际项目展开教学，因此学生对于设计流程的认识缺乏实际感知，既不全面也不深刻。这也集中暴露了产学研结合的薄弱，一方面是部分教师从"高校到高校"，停留在书本与经典理论上，缺乏在企业的设计实践；另一方面是市场竞争的压力与合作机制的不完善，使大部分企业对与高校展开合作、共同培养设计专业学生望而却步。

以工业设计岗位的校园招聘为例，浙江永康的雄泰集团是一家集专业设计、研发、制造、营销为一体的民营企业，以专业制造不锈钢真空器皿、产品以各种保温杯、旅行水壶为主,年产量达 1500 万只,产品 70% 出口北美、欧洲和日、韩等国家和地区,年产值达 4 亿多元人民币。2006 年雄泰牌不锈钢保温杯(壶)系列产品被评定为"浙江省著名商标",2007 年被评为"浙江省名牌产品",2007 年 11 月荣获"中国驰名商标"。然而这样一家企业却在校园招聘中遇冷,在某高校工业设计专业毕业班 20 多名学生中,仅有两名学生对该企业有求职意向,其他学生则表现得十分冷淡。问其原因,得到的答复竟是因为该企业所涉及的产品是杯具,与"悲剧"同音,真是让人哭笑不得;当该企业负责招聘的人员向学生询问是否了解企业的设计流程时,学生也仅能回答出设计的一般步骤,而对企业设计流程中各环节所涉及的部门一无所知,因此更无从谈及设计流程各环节部门之间的配合。

设计流程因企业规模和发展阶段的不同而体现出差异化,但最终目标都应是符合企业发展需求,保证企业产品研发的效率和最终效果,一个合理有效的设计流程依赖于企业自身对设计过程的长期实践和总结,需要专业院校加强对学生设计流程相关知识点的教学,更需要产学研的相互渗透,做到理论与实践的相结合。

## 产品创新设计系统及其特征

英语中的系统(system)一词,来源于古希腊语(syst ε m α),是由部分构成整体的意思。系统的思想源远流长,但系统一词被人们广为所知得益于美籍奥地利人、理论生物学家 L·V·贝塔朗菲(L. Von. Bertalanffy)所创立的系统论思想。今天人们从各种角度上研究系统,对系统所下的定义多达数十种,对于系统一词通常的定义是:系统是由一些相互联系、相互制约的若干组成部分结合而成的、具有特定功能的有机整体。系统无所不在,它大致可以分为自然系统、人工系统和复合系统。

按照人工系统的定义,即系统内的个体根据人为的、预先编排好的规则或计划好的方向运作,以实现或完成系统内各个体不能单独实现的功能、性能与结果。企业系统属于人工系统范畴。关于企业组织的系统理论,是在 1963 年由理查德·约

## 第二章 设计——麻烦不断

翰逊（Richard A. Johnson）、佛里蒙特·卡斯特（Fremom E. Kast）和詹姆士·罗森茨维克（James E. Rosenzeig）三人合著的《系统理论和管理》中提出的。虽然该理论的落脚点在于运用系统论的思想对企业进行管理，进而提出系统管理理论，但他们所提出的关于企业系统的构成、划分和特征等观点也很具有参考价值。系统管理理论学派认为，企业组织是一个开放的系统，它由许多子系统组成，系统运行的效果是通过各个子系统相互作用的效果决定的，这个系统中任何子系统都会影响其他子系统的变化，为了更好地把握企业组织的运行过程，就要研究这些子系统和它们之间的相互关系以及它们如何构成一个完整的系统[1]。

设计系统是企业系统中负责实现设计功能的子系统。从企业部门建制的角度来看，设计系统即设计部门，其人员构成包括：总设计师，通常负责一个或一个以上的设计项目，确定设计的总目标、总体计划、总设计基调、总体要求和限制等，总设计师直接对项目委托方（或为企业决策部门）负责；主管设计师，具体负责某一项设计项目，对总设计师负责，理解和贯彻总设计师的策略意图，组织制定该项目的总方案并安排分步实施；设计师，负责设计项目中某一部分的设计工作，设计师对主管设计师负责，协助主管设计师制定该项目的整体方案，并实施其中某一部分的设计制作；助理设计师，主要协助设计师完成其负责部分的设计制作[2]。

从设计部门在企业内的设置形式来看，常见的有决策层直属型、矩阵型、分散融合型、直属矩阵型、卫星型等形式。不同的设置形式反映了设计部门与企业决策层的关系、与企业其他部门的关系以及在开发设计中不同的运作形态。不同的设计部门设置形式产生了组织形式迥异的设计系统。

从完成设计项目的流程来看，企业的设计系统又不仅仅局限在设计部门，而应该囊括企业的市场、决策、生产、采购、质检、财务等部门，各部门的通力协作才能保障设计项目的顺利实施。因此，规范的企业设计系统应该是跨领域、

---

[1] 程国平，刁兆峰. 管理学原理[M]. 武汉：武汉理工大学出版社，2004：45.
[2] 尹定邦，陈汗青，邵宏. 设计的营销与管理[M]. 长沙：湖南科学技术出版社，2003：88-89.

跨层级、跨部门的综合系统，其人员构成也应包括除设计师之外的其他专业技术人员，如结构工程师、加工制造工程师、采购代表、供应商、生产代表、质检人员、营销经理、客户代表、法律顾问等。

### 产品创新设计的系统风险

基于系统论及系统管理理论的观点，任何系统都是一个有机的整体，不是各部分的机械组合或简单相加，强调注意系统中的要素与要素、要素与系统、系统与外部环境之间的相互关系，反对要素的性能好则整体性能一定好。设计系统的要素大致可分为人员要素、环境要素、技术要素、资金要素等。而要素具有层次性，如进一步分解，人员要素又可按工作性质、工作内容等划分到具体职务，这是由要素自身特点所决定的：要素相对于它所在的系统是要素，相对于组成它的要素则是系统，且同一要素在不同系统中其性质、地位和作用会有所不同。这就加大了界定设计系统要素的难度，也不利于厘清要素之间的相互关系。在此，试将企业产品设计系统的要素归类于系统内部与外部，将这些要素所带来的风险定位于系统内部风险和系统外部风险。

1. 产品创新设计系统内部风险

作为人员要素、环境要素、技术要素、资金要素在设计系统中的具体反应，设计人员的业务素质、设计部门的设置形式、企业自身的技术实力及资金支持将是设计系统内部风险的主要来源。

（1）人员业务素质

设计人员的业务素质高低直接关系到设计方案质量的好坏。从设计师的人员结构来看，设计助理和普通设计师，主要是由高等院校设计专业培养的应届毕业生组成；主管设计师和总设计师则需要相当深厚的设计功底和更全面的综合素养，如丰富的阅历和设计营销、管理方面的知识构成，往往是由从事设计工作多年的资深设计人员来担当。在我国，每年设计专业的毕业生人数在30万左右，这一数量规模在世界范围内都是极为惊人的，但另一方面，企业却难于找到合适的设计人才，这之间的矛盾成因复杂：一方面来自于我国设计教育根基较浅、教学体系不尽完备、理论与实际存在脱节现象、学生自身素质良莠不齐等因素的影响;另一方面,企业缺乏原创精神、对设计重视程度不够、缺少与院校共同培养设计人才的观念等,也间接影响了设计专业学生的质量。而主管设计师和总设计师也通常会因为各种因素,如薪资待遇、受重视程度、职业规划等提出调动。设计团队中的人员流动频繁,这是企业的设计部门普遍存在的现象,而这一现象十分不利于设计系统平稳有序地运行。

(2) 部门设置形式

设计部门在企业组织中的设置形式不同,能反映出设计部门与企业决策层的关系、与企业其他部门的关系,并会在设计过程中显现出不同的运作形态。常见的设计部门设置形式有决策层直属型、矩阵型、分散融合型、直属矩阵型、卫星型等形式,而企业整体的组织结构又向着扁平化、网络化、无边界化、多元化、柔性化和虚拟化的趋势发展。不论企业采取何种形式的组织结构,将设计部设置在结构中的什么位置,都必须本着有利于调动设计人员积极性、利于设计部门高效率地开展工作、利于各部门合作沟通和利于决策层参与决策的目标,从而保证设计系统地顺畅运行。

(3) 企业技术实力及资金支持

因为企业自身的技术实力有限而一再降低设计标准以及因为企业资金规模有限而中途停止某项设计活动的案例比比皆是。需要指出的是,不同规模、处在不同发展阶段的企业应该选择与之相适应的设计策略。在 OEM、OBM、ODM 和 OSM 四个层级的企业里,设计应用的程度、设计部门所扮演的角色和所起的作用会有很大差别。如 OEM 类型的企业主要以来料加工为主,设计投入的资源较少,因而基本不存在设计风险;对于 OBM、OSM 类型的企业,设计所涉及的不再是一个单一的产品,而是围绕企业整体产品品牌战略和企业发展战略的全面规划参与运作的 [1]。随着企业层级的提升,设计的应用范围越广、作用越大,所面临的风险因素越多;而企业采用与其技术实力和资金规模不相匹配的

---

[1] 张承耀.建造企业帝国[M].广州:广东旅游出版社,1997.

设计策略,则可能导致企业设计系统的组织结构缺陷,无法最大限度地发挥设计系统的功效。

2. 产品创新设计系统外部风险

管理学界提出,任何组织都处于一定的环境之中,都会受到环境因素的影响。

企业组织的外部环境又可按影响程度的间接与直接关系分为一般环境因素和具体环境因素。一般环境因素包括:政策法规环境因素、经济环境因素、社会文化环境因素、科学技术环境因素和自然资源环境因素等;而具体环境因素指的是:供应商、顾客、竞争者和管理机构等。

设计系统作为企业组织实现产品设计功能的体系,受到外部环境因素的影响,综合一般环境因素和具体环境因素,设计系统的外部风险主要来自于市场需求的变化、政策法规的变更、突发事件的影响。

(1) 市场需求的变化

市场的需求是企业进行产品创新的前提,是否符合市场需求也是企业产品创新成败的关键,而市场需求和产品创新之间存在着天然屏障:①时间因素,在企业进行产品创新活动的同时,市场需求也在不断变化;②空间因素,企业和销售市场往往不在同一个城市、国家甚至地区,不同地域的市场需求是不同的;③信息因素,信息具有滞后性、变异性和范围性,掌握准确的信息具有难度;④价格因素,企业和消费者对于产品价格的期待具有天然的矛盾。不同时间、不同地域的市场需求会有所不同,即使是同一地域的市场需求,在企业完成市场调研后的一刹那间也会发生变化,尤其是在商品经济社会的当下,进一步加速了市场需求的变化,任何一家公司也不敢声称其获得的市场信息完全准确。政策法规、经济环境、社会文化、科学技术和自然资源都会对市场需求产生影响,进而影响到企业的设计系统。

(2) 政策法规的变更

政策法规是国家政权机关、政党组织和其他社会政治集团为了实现自己所代表的阶级、阶层的利益与意志,以权威形式标准化地规定在一定的历史时期内,应该达到的奋斗目标、遵循的行动原则、完成的明确任务、实行的工作方式、采取的一般步骤和具体措施。因此政策法规首先是基于一个国家的政治制度和政治形势来制定的，不同政体的国家在政策法规上存在着很大的差异性，同时政局的稳定性影响到政策法规的稳定性与连续性。在不同时期，国家的政策法规会有所变化，对于这些变化，企业组织往往无法作出准确的预测。一项新的政策法规如同一道门槛，会自动淘汰掉不符合条件的企业。政策法规的变更不仅影响到企业产品创新设计的总体方向和目标选择，在某些情形下更是关系到企业组织自身的生存和发展。

（3）突发事件的影响

突发事件可被广义地理解为突然发生的事情，其第一层含义可指事件发生、发展的速度很快，出乎意料；第二层的含义是事件难以应对，必须采取非常规方法来处理。因此突发事件具有偶然性，具有一定规模的影响力、难于应对等特征，它会影响产品设计系统的稳定性，加大产品创新设计的风险。常见的突发事件有自然灾害、政治动荡、爆炸性新闻等。自然灾害和政治动荡等因素会直接对人们的日常生活、社会秩序、工业生产等产生瞬时的巨大冲击，进而对市场需求、经济活动、政策法规等产生长期而深远的影响。短期内的巨大冲击甚至会造成企业的设计系统瘫痪，如2011年3月由于海啸和地震所引发的日本福岛核泄漏事件，使我国对核电站的评估和建设更加谨慎，当即宣布对我国境内所有核电站展开全面检查并暂停所有核电站建设项目审批。而爆炸性新闻可能来自与企业相关的领域，或不直接相关，但都会直接或间接地对产品设计系统产生影响，如2010年2月在美国，某消费者起诉丰田公司，因丰田部分型号车辆在行进中突然加速且无法刹车而造成命案。这一爆炸性新闻使得丰田深陷"刹车门"事件的漩涡，并由此在全球范围内召回910万辆汽车，给丰田公司乃至整个日本汽车业界造成了沉重打击。这一事件使丰田需要重新评估刹车系统的结构设计，甚至重新审视使丰田获得极大收益的通用平台、共用零部件的模块化设计思想。

## 案例——设计的系统风险

以设计部门设置形式案例来说明设计系统的内部风险。在此以苹果公司的设

## 无风险 不设计——设计风险管理

计团队及其运作模式作为系统内部风险的案例可能并不准确，但通过对其的解析能够看出一个成功的设计部门的设置形式。苹果公司被誉为最尊崇设计的公司，他们所推出的所有产品几乎无一例外地受到市场的追捧。苹果公司尊重设计，同时也得益于优秀的产品设计而跻身世界上最成功的品牌之一。苹果公司的设计部设置是典型的扁平化结构（图2-4），其设计团队的领导人 Jonathan Ive 是苹果公司的高级副总裁、苹果核心领导层中的一员，这使他与苹果的灵魂人物斯蒂夫·乔布斯（Steve Jobs）的沟通更加顺畅且亲密无间。设计已然上升到公司的战略层面，这无疑为展开细致而具体的设计工作指明了方向。他所领导的设计团队规模并不

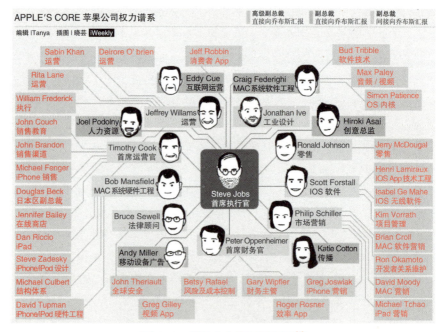

图 2-4 苹果人力资源示意图[1]

---

[1] 苹果公司权力谱系. iweekly 2011.

## 第二章 设计——麻烦不断

庞大，只有不到20人，而这个设计团队所具备的一些特质造就了他们的成功：如团队人员构成的多样性，他们来自英国、新西兰、意大利和德国等不同国家，因而具备鲜明的国际视野；设计师的年龄多集中在30～40岁，有着丰富的设计经验，同时也不缺乏活力，而有些资深设计师则在苹果服役超过了20年；他们集中在旧金山一个大而相对开放的工作室内开展设计工作，每个设计师都有属于自己的空间，为了保持设计的神秘性，苹果公司的普通员工被禁止进入工作室；善于创新且不惧重复，设计部门将大量的资金用在制作高精度的模型上，用以对比设计上细微的改变所来带的实体上微妙的变化；注重沟通，他们与工程师、市场营销人员甚至远在亚洲的外围制造商都有密切的接触，他们不只是单纯的造型设计师，还是使用新材料和革新生产流程的领导者。而惠普公司的首席设计师Sam Lucente强调：只要苹果仍旧将注意力集中在少数几项产品并且过分地倚重少数几个人，它就只能占据这么多的市场，苹果的模式不能扩大。不论苹果的设计模式是否值得推广，其设计模式下诞生出的优秀产品和随之带来的销售业绩使苹果的股票在过去10年里增长了232%，凌驾于任何一家科技公司之上。

以政策法规变更的案例来说明设计系统的外部风险。每一项新政的出台都意味着"几家欢喜几家愁"，其产品和发展方向顺应新政的企业可借助政策的利好进一步助推企业发展；相反，其产品不达标或有悖于政策导向的企业则可能面临产品滞销，甚至危及企业生存的困境。

欧洲在汽车污染物排放的标准制定上走在世界前列，早在20世纪70年代就以立法的方式对汽车污染物排放加以控制，并先后于1992、1996、2000、2005、2009年五次提出汽车污染物欧洲排放标准，每次标准的提出都更为严苛，并计划于2014年提出欧Ⅵ标准。欧盟提出，到2012年，对$CO_2$超标的新出产的轿车，要实行惩罚措施，惩罚金额将按超标比例递增：超过标准3克以内，超过1克罚5欧元，超2克罚20欧元，超过3克罚45欧元，如果超标4克将罚款140欧元，而从2015年开始，每超标1克，都将被罚95欧元[1]。因此欧洲汽

---

[1] http://www.zhongsou.net/ 中国新能源网.

车污染物排放标准也将成为世界上最为严格的排放标准,所有希望进入欧洲市场销售的车型必须符合该标准,欧洲在限制大排量汽车、控制污染物排放的同时,投入巨资鼓励新能源或可再生能源汽车的发展,并通过立法对节能和低污染车辆给予奖励。在我国,也参照欧洲排放标准制定了自己的汽车污染物排放标准,通过对大排量汽车征收高额消费税来控制其市场规模,同时鼓励我国汽车企业通过自主研发或寻求合作大力发展电动车和新能源汽车。如比亚迪公司,原来以生产手机锂电池为主,进军汽车领域后依托其在电池行业的技术储备在电动车的项目研发中异军突起,并在2010年3月与奔驰汽车公司签订协议,双方承诺基于各自优势,联手成立合资技术中心共同开发电动车。美国在全球金融危机中倒下的汽车业巨头——通用汽车公司,造成其破产保护的很大原因在于旗下产品多为大尺寸、大吨位、大排量的车型,这与时下推崇绿色低碳、节能环保的大趋势格格不入,在金融危机、消费能力下降的背景下,其产品滞销就不足为奇了。而曾经为人所熟知的悍马(Hummer)品牌(图2-5),终因其惊人的耗油量和每况愈下的惨淡销量,通用汽车于2010年4月6日正式启动关闭其生产线的程序,不再生产任何型号的悍马。

图2-5 通用公司旗下的悍马(Hummer)越野车

通过这一节,我们会发现,即使是在与设计师群体联系最为紧密的设计流程与系统部分,也有相当多的因素是设计师无法把控的。随着专业分工的细化,要求设计师们就职责范围内的工作体现出高度的专业化,但同时,随着设计介入产品创新各环节的增多(产品全生命周期),又需要设计师广泛涉猎(学科交叉),这似乎形成了一种相悖的局面。然而,现实及未来设计的形态即是如此,这对设计师群体提出了更高的要求,面对这一挑战,设计师们必须具有系统的观念、高度的协调沟通能力及适应能力。

## 愤怒的消费者——质量及知识产权风险

1966年，美国经济学家格林菲尔德（H. Greenfield）在研究服务业及其分类时，最早提出了"生产性服务业"（Producer Services）的概念，在我国，将工业设计行业归为生产性服务业，并在2014年通过政令的形式强调需大力发展[1]。2015年，"国际设计组织"（WDO, World DesignOrganization），发布了工业设计的最新定义，将工业设计表述为：一种将策略性解决问题的过程应用于产品、系统、服务及体验的设计活动。

产品创新的主体是企业，产品的服务对象是消费者。美国的马歇尔百货公司创始人马歇尔·菲尔德（Marshall Field），在100多年前就创造了一句名言——"The customer is always right."（顾客永远是对的，亦被解读为"顾客就是上帝"），并一举打破了长久以来零售业中"商品售出、概不负责"的陈规，奉行"商品无条件退货"，在那个服务业不甚发达的年代，此举自然大获成功，并时至今日都被奉为服务行业的金科玉律。

因此，不论是从设计的内容，还是产生的结果来看，其核心都是为消费者提供更好的服务（硬件及软件），使消费者获得更好的体验，并且，从企业产品创新以及设计的出发点来看，似乎都将消费者置于至高无上的地位，然而事实却不尽如人意。设计的质量和知识产权是可以被消费者直接感知的部分，也是消费者投诉最为集中的部分。作为产品的购买者和使用者（维护者），消费者直接面对设计的结果，承担产品品质所带来的各种影响后果。如果不想因为设计而冒犯"永远是对的"消费者们，甚至使他们变得"愤怒"，那么你有必要认真看看下面的内容。

### 产品创新设计质量及其特征

设计质量是指根据使用者的使用目的、经济状况及企业内部条件确定所需

---

[1] 国务院关于加快发展生产性服务业促进产业结构调整升级的指导意见．国发〔2014〕26号 2014.8.6.

设计的质量等级或质量水平，它反映着企业设计目标的完善程度，表现为各种规格和标准。同时，设计质量是企业开展产品开发设计活动中，设计部门所完成内容和功效的体现，设计质量的好坏是能否达到企业产品设计目标的关键，围绕设计质量又有设计质量策划、设计质量控制和设计质量评审等相关内容的研究，足见其重要性。

设计质量通常包括三大内容：即市场调研质量、设计构思/概念质量和设计规格质量。在调研阶段要明确满足用户"适用性"要求的条件是什么，进而通过市场研究所取得的信息确定设计的质量标准；设计的构思/概念质量，体现在基于市场调研的结果、按照所制定的设计质量标准进一步提出大略的设计方案，力求使预期质量特性适应于市场的实际需要，具体表现在设计信息的输入和阶段性成果输出；设计规格质量，即将设计构思/概念转化为进一步可以实现为产品的具体方案，其实际设计规格需要高度符合"适用性"，侧重点在设计的成果输出。

从设计质量的形成过程来看，需要经历设计策划，即建立设计质量标准；设计输入，为即将展开的实际设计工作输入企业、用户所期望的质量要求以及设计过程中必须贯彻的有关标准和必须遵循的原则等；设计输出，即设计过程的结果，设计过程每一个阶段结束时，都应有该阶段所要求的设计输出；设计评审，即根据所设计产品的具体特点，在不同的设计阶段，抓住影响设计质量目标的关键决策点进行评审，设计评审是保证设计质量的手段，也是决定设计流程能否继续推进的关键。

## 产品创新设计的质量风险

虽然我们可将设计质量大体分为市场调研质量、设计构思/概念质量和设计规格质量三个部分，也可按设计质量的形成过程分为设计策划质量、设计输入质量、设计输出质量和设计评审质量，但在具体操作环节中最难把握的是设计质量标准的建立和设计质量评审。从不同角度来看，设计的质量标准所指不尽相同，如：从艺术角度来看，设计质量有美学标准；从企业经营角度来看，有企业战略规划等目标；从市场角度来看，有顾客满意度等标准。而不同的质量标准，其评价手段也是不同的。因而设计质量标准的建立和设计质量评审的不确定性最大,也是设计质量风险的主要来源。设计质量标准的不完善和设计质量评审的不严格,极易使不合格的设计进入实际生产环节,而携带着"设计缺陷"的产品一旦转化为商品流入消费市场,则可能给用户带来人身和财产损失,进而影响企业正常经营,对企业品牌造成严重的负面影响。

1. 产品创新设计质量标准

美国著名的质量管理专家朱兰(J. M. Juran)博士从用户的角度出发,提出了产品质量就是产品的"适用性",即产品在使用时能成功地满足用户需要的程度。用户对产品的基本要求就是适用,"适用性"恰如其分地表达了质量的内涵。产品设计是通过设计方(设计企业或部门)为客户(设计需求方)提供设计服务的形式得以体现的,因此客户满意度是衡量设计质量高低的关键,为客户创造价值并获取高满意度是建立设计质量标准的宗旨。从客户满意度的角度出发,可将设计质量标准分为:资格标准、设计优胜标准和设计失败标准[1]。

具体来看,资格标准是指设计方应具备的基本资质,如设计方的人员构成、数量、设备和环境等。这些指标应是在该行业中公认的应具备的最基本条件,可视为设计方进入该领域的门槛。这些指标是客户用来识别能否获得基本设计服务的最低标准。设计优胜标准是设计方希望达到的,有别于竞争对手和行业同类服务的特别指标,如设计服务的价格、模式、效率、声誉等,这些因素会左右客户对于设计方的选择,也是设计方争取客户并取得客户高满意度的重点。一项成功的设计优胜标准通常会逐步演变成行业的资格标准。设计失败标准是指设计方所提供的设计服务未能达到或超过客户的期望水平,导致客户不满甚至永远失去该客户,而这种成因是比较复杂的,如未能达到设计的资格标准,或未能起到应有效果的设计优胜标准都可能成为设计失败标准。

2. 产品创新设计质量评审

设计业是通过提供设计服务来区别于其他产业的。设计质量的好坏可以

---

[1] 尹定邦,陈汗青,邵宏. 设计的营销与管理[M]. 长沙:湖南科学技术出版社,2003:148.

体现在设计服务的质量上,能否达到设计质量标准受到设计服务质量的影响。SERVQUAL 是英文"Service Quality"(服务质量)的缩写,是由美国迈阿密大学经济学院教授派瑞萨姆(Parasurama)以及赛斯莫尔(Zeithama1)、巴里(Berry)三人在 1988 年最早提出的,他们所建立的 SERVQUAL 模型是针对服务行业提出的一种服务质量评价体系[1]。SERVQUAL 模型指出:客户基于所提供服务的口碑、客户需求和以往的经验建立起对于某项服务的"服务预期",客户实际获得此项服务后得到"服务感知"。当服务感知超过服务预期时,客户显现出对服务质量的高满意度,此时该项服务具有令人惊喜的质量;当服务感知与服务预期吻合时,客户对服务质量表示满意,该服务具备令人满意的质量;当服务感知低于服务预期时,客户表示对服务质量不满,该服务质量不合格(图 2-6)。

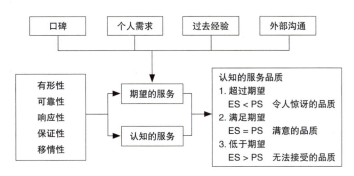

图 2-6　SERVQUAL 模型

为了更有效地评估设计质量,客户可借助 SERVQUAL 模型进一步对设计方所提供的设计服务展开评价。SERVQUAL 模型衡量服务质量的五个尺度为:有形性、可靠性、响应性、保证性和移情性[2]。客户也正是基于这五个尺度建立服

---

[1] http://wiki.mbalib.com/wiki/ 词条:SERVQUAL 模型. MBA 智库百科.2011,3.

[2] 潘雅芳. 基于 SERVQUAL 模型的饭店服务质量测评——以浙江省星级饭店为例[J]. 商场现代化,2007(7).

务感知的。具体到设计服务质量：有形性，是指设计方是否具备一定水准的人员、设备、环境等；可靠性，是指设计方应根据客户所制定的规划，准确地履行设计承诺，如设计案的数量、质量、设计周期等；响应性，是指设计方应根据客户要求迅速提供设计服务，并根据反馈及时调整设计方案的能力；保证性，是指设计方所传递出的可信度，包括其沟通有效性、工作态度、所提供设计方案的完善度、可行性等；移情性，是指设计方能够站在客户的角度思考，全面有效地理解客户需求。客户从这五个方面将设计的服务预期与服务感知进行对比，最终形成对于设计质量的判断，预期与感知之间的差距就是设计质量的量度。

除此之外，SERVQUAL 模型还可以标准问卷的形式出现，其内容包括 22 个小项，涵盖了衡量服务质量的有形性、可靠性、响应性、保证性和移情性五个方面，这些项目是：① 企业是否有现代化的服务设施；② 服务设施是否具有吸引力；③ 员工的着装是否得体；④ 企业设施与他们所提供的服务是否匹配；⑤ 企业对顾客的承诺是否能够履行；⑥ 企业对顾客所面临的困难是否足够重视；⑦ 企业给人的感觉是否可靠；⑧ 能否准时地提供其所承诺的服务；⑨ 能否正确记录相关的信息；⑩ 能否告知顾客所提供服务的准时时间；⑪ 能否提供及时的服务；⑫ 员工对顾客是否热情；⑬ 员工是否能满足顾客的需求；⑭ 员工是否值得信赖；⑮ 在进行交易时，顾客是否感到安心；⑯ 员工是否有礼貌；⑰ 企业是否给予员工支持，以提供更好的服务；⑱ 企业是否会针对顾客提供个别的服务；⑲ 员工是否会给予顾客个别的关心；⑳ 员工是否了解顾客的需求；㉑ 企业是否优先考虑顾客的利益；㉒ 企业所提供服务的时间是否符合顾客的期望。通过对这些项目进行评分，从而判定设计组织 / 个人的设计服务质量。

### 案例——设计的质量风险

产品质量是实现产品价值的重要保证，质量的优劣直接关系到产品的销量，进而影响企业的生存和发展。设计质量是构成产品质量的核心要素，设计质量风险会极大地影响设计质量，设计质量缺陷会给企业带来难以估量的巨大损失。

2010 年 2 月 12 日，美国内布拉斯加州一名消费者在洛杉矶将日本丰田汽车

## 第二章 设计——麻烦不断

公司告上法庭，要求丰田就其生产的车辆导致她丈夫死亡和自己受伤承担责任并进行经济赔偿。除这位消费者外，还有一些遭遇人身伤亡事故的消费者也在美国地区法院或洛杉矶高等法院对丰田公司提出集体诉讼。因丰田某些型号车辆在行进中突然加速且无法刹车而造成命案，这一爆炸性新闻使得丰田深陷"刹车门"事件的漩涡，并由此在全球范围内召回910万辆汽车，给丰田公司乃至整个日本汽车业界造成了沉重打击。

丰田汽车公司向来以产品质量优秀而著称，第一次石油危机期间更是凭借其产品优秀的节油性能一举攻下美国市场，随后又以精益化管理的"丰田模式"而闻名世界，直至2008年超越美国通用汽车而成为全球最大的汽车厂商。然而由于设计缺陷所引发的产品质量问题使丰田公司一时间"声名狼藉"，其间丰田汽车在美国市场销量同比下降15.8%，市场份额环比下降4.1个百分点至14.1%[1]。据摩根大通分析师估计，因为"刹车门"而召回问题车辆给丰田带来的直接损失将高达18亿美元，此外，8种问题车型因修复油门踏板而被停售导致的损失也将高达7亿美元。另据新华网华盛顿2010年4月5日电，美国交通部宣布拟对丰田汽车公司的大规模召回事件处以高达1637.5万美元的罚款，这将是美国政府迄今对汽车公司作出的最大金额的民事处罚。

该事件已经过去数年时间，但该事件的最终原因至今仍是扑朔迷离。事件起初，美国公路交通安全局（NHTSA）认为是丰田汽车某些车型的电子油门控制系统出现问题，造成车辆突然加速且刹车失灵，最终造成惨剧，而在同年6月30日NHTSA表示，通过对"问题车型"的检测，推翻了电子油门控制系统造成车祸的结论。而多数日本民众和部分美国民众则认为，该事件中的政治因素成分可能高于车辆质量隐患，并认为该事件是当初奥迪汽车在美国遭受"不白之冤"的重演。1989年约5000辆奥迪轿车出现"突然无意识加速"，使美国民众对奥迪品牌极端不信任，该事件让奥迪几乎一夜之间从美国市场消失，至今仍未恢复元气。

---

[1] 丰田因召回事件损失惨重. http://news.xinhuanet.com 新华网.

从刚开始的怀疑车辆电子油门部件故障到后来的"阴谋论"甚嚣尘上,对于该"刹车门"事件似乎并未得出最终结论,但丰田公司对部分车型实施召回并进行相应的技术处理以及日本资深汽车评论家黑泽纯一对于此事件的评述特别值得关注。根据丰田汽车官方网站在 2010 年 2 月登出的一则公告中显示:由于油门踏板机构中某两个相互接触并可产生滑动的部件,经过长期使用后,在低温的条件下使用暖风时,在滑动面发生结霜,使摩擦增大,发生卡滞,进而不能顺利滑动,使得油门始终处于工作状态,造成车辆持续加速并影响刹车效果,存在这一问题的车辆将被全部召回。而解决这一问题的方法则是通过在两个部件之间通过嵌入采用精密切割工艺的钢制强化垫板,减轻滑动面不必要的摩擦,消除导致油门踏板发生卡滞的阻力(图 2-7),说明在该油门机构的设计上的确存在缺陷。

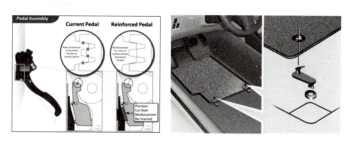

**图 2-7　丰田"刹车门"事故原因示意图**

前丰田公司高管、资深汽车评论家黑泽纯一则认为,丰田汽车的刹车系统没有问题,刹车失灵的根本原因是由固定驾驶员一侧地垫的卡勾存在设计缺陷造成的(图 2-7)。黑泽纯一说,欧美驾驶者的身高和腿长等数据普遍高于亚洲人,因此在驾车过程中,腿部更容易将地垫推向刹车机构,而这种推动力会比亚洲用户在同等使用情况下来得更大。固定地垫的卡勾无法承受其力量而出现松动,地垫最终会被推动到刹车踏板下,造成刹车踏板无法完全踏到底部从而丧失制动力。显然,丰田汽车公司在设计这一地垫固定卡勾时,并没有完全考虑到欧美用户的人机尺寸和使用习惯等问题。

不论是油门机构出现卡滞,还是地垫固定卡勾的松动,都属于产品质量缺陷,而这种缺陷显然是由产品设计缺陷造成的。尤其是在企业强调全球化运营的今天,同一个型号的零部件可能由来自世界上不同国家、地区、不同的企业、工人生产的,其质量水平存在差异;而这些零部件又因其"通用性"可能同时出现在不同的产品中,因此设计缺陷的危害被层层扩大,波及范围不断扩展,一旦出现设计缺陷,将使企业面临产品召回和产品改造的巨大成本付出。同时,由于设计缺陷造成的产品质量问题会使企业深陷信任危机,品牌价值大打折扣,其无形资产的流失更是难以估量。设计是否存在缺陷直接反映设计质量的好坏,设计质量关乎产品最终的品质。

## 产品创新设计的知识产权及其特征

知识产权是从英文翻译过来的,在英文中有两个概念,一个是 Intellectual Property(智慧财产,简称 IP),另一个是 Intellectual Property Right(智慧财产权,简称 IPR),这两个概念构成了我们所称的知识产权[1]。知识产权是指对智力劳动成果依法所享有的占有、使用、处分和收益的权利。知识产权是一种无形财产,它与房屋、汽车等有形财产一样,都受到国家法律的保护[2]。知识产权是智力劳动产生成果的所有权,它是依照各国法律赋予符合条件的著作者以及发明者或成果拥有者在一定期限内享有的独占权利。它有两类:一类是版权;另一类是工业产权。工业产权包括发明专利、实用新型专利、外观设计专利、商标、服务标记、厂商名称、货源名称或原产地名称等独占权利。

企业开展一项产品创新活动,从项目设立之初的市场调研、制定目标策略,到产品的设计开发、批量生产,最终将产品转化为商品推向市场,要经历一系列复杂的过程,需要耗费企业大量的人力、财力、物力。作为保障企业投入获

---

[1] 马维野. 知识产权若干问题的思考与辨析. http://www.nipso.cn/index.asp 国家知识产权战略网. 2011.3.

[2] http://www.sipo.gov.cn/sipo2008/ 中华人民共和国国家知识产权局网站. 2011.3.

## 无风险　不设计——设计风险管理

得应有的市场回报的一种手段,企业通过申请专利、注册商标从而有利于权利人参与市场竞争,而在知识产权体系完善、规范的市场中,知识产权制度具有激励竞争、保护垄断的本质特征,客观上起到了强大的鼓励创新的作用。

设计与企业的产品创新活动联系最为紧密,设计的知识产权的建立,是保护企业产品创新成果的必要手段。设计的知识产权广义上的理解,是指通过设计手段所形成的诸如图案、标识、造型、结构、新概念/原理、新材料的运用等,通过商标注册、申报发明专利、实用新型专利、外观设计专利等形式依法获得其占有、使用、处分和收益的权利;狭义地理解设计的知识产权,多指产品的外观设计专利。产品设计多涉及产品的外观造型、色彩搭配、材料选择、功能选取等内容,而这些内容通常因不具有高技术性而极易被模仿,缺乏专利保护的设计成果不能为企业带来可靠的价值。在国家知识产权公布的《2010年知识产权保护状况》报告中显示,公安部组织全国公安机关开展了打击侵犯知识产权和制售伪劣商品犯罪的"亮剑"专项行动。仅在该专项行动中,全国公安机关就破获相关案件2049起,涉案价值23.07亿元。可见在知识产权领域的侵权案件数量和涉案金额的庞大,同时也反映出知识产权保护的重要性。

将创新能力转化为知识产权是企业获得稳定收益的前提,而良好的收益又能促进创新能力的提升,从而使企业步入创新、保护、市场回报的良性循环。知识产权所保护的不仅仅是设计本身,它在维护企业单个产品创新项目利益的同时,还能为设计提供规划性的发展空间,为企业通过法律手段获得产品设计风格的延续性,从而保持其产品竞争力提供了保证。

### 产品创新设计的知识产权风险

在一个缺乏完善的知识产权保护体系的市场环境中,企业的创新成果被窃取、本应属于自身的市场份额被蚕食,随之而来的知识产权纠纷的案例不胜枚举。知识产权是商品经济的产物,一定程度上是为了规范市场竞争、保障所有者权益而诞生的。企业产品创新活动中设计的知识产权能否建立,能否发挥应有的作用,受到企业自身内部因素的影响;同时,企业作为一个身处市场的开放系统,企业的一举一动在受到外部因素影响的同时也影响着外部环境。

1. 企业内部因素的影响

创新是企业的立足之本，但凡成功的企业无不是将创新作为其核心竞争力，而设计正是企业创新的有效武器和强力支撑，因此许多企业都将设计纳入其发展战略。面对国外优秀企业的成功经验，快速发展中的我国企业也对设计与创新高度重视并积极尝试，但现实却是设计并未广泛成为我国企业的核心竞争力。长期以来，国内企业满足于制造型经济所带来的财富增长，与投入复杂的原创性经济相比，前者更轻松、省力，也更具备现实利益。因此满足现状，承认落后，缺少赶超的信心，如此一来使我国企业失去了创新动力，很难在世界范围内有所突破。

部分中小企业甚至是作坊，对于创新的理解走向了另一个极端。一味迎合部分过度求新求异，甚至是爱慕虚荣的消费群体，无视设计的知识产权，诞生了一批依靠仿冒、价格低廉但品质毫无保障的"山寨"产品[1]。由于垂涎于国内广阔的市场和追逐既得利益，部分中小企业为了剔除设计的复杂投入和规避市场风险，模仿市场成功产品或套用著名品牌，仅在产品外观或名称上稍作改动，产品内部结构和零部件一律采用成本最低廉的组合模式，在没有严格测试的情况下就组织生产，其产品仅是外观漂亮而缺乏品质保证，毫无品牌经营和自主创新可言。这样的行为助长了部分畸形的消费观念，也是资源的极大浪费，对社会消费形态和企业发展的负面影响也将是深远的。

另一方面，我国经济社会运行模式正处在转型时期，市场也呈现出不成熟、不规律的发展态势。从设计研发、设计甄选、设计管理以及设计投入市场后的效果反馈等一系列系统化、规范化的运作体系都尚不完善，而这种缺乏良性循环的运作模式只能带来设计市场秩序的混乱。我国的设计业界，从设计师到设计企业一直将设计服务作为一种流通商品来对待，因为设计服务的收益往往是一次性的，仅是设计本身收取的费用，并不涉及设计成果在市场上所获利润的提成。在以买

---

[1] 童宜洁. 制约我国艺术设计发展的内因分析 [J]. 安徽文学，2009（5）.

## 无风险　不设计——设计风险管理

方为主导的设计市场，由于缺乏对设计行业的规范和对设计知识产权的保护，设计师或设计企业的权益无法得到保障，为了承接设计订单，甚至采取竞相压价的手段，进一步加剧了设计行业的无序竞争；一味迎合企业的需求，忽略自身价值和设计的知识产权，将维权融入设计服务的理念更是无从谈起。

　　反观国外企业，不论产品创新结果如何，在产品创新过程中就尽早引入对知识产权因素的考察。从制定设计战略和目标阶段就通过律师事务所或法律顾问，了解现有市场中涉及该产品创新项目的知识产权因素，从而指导设计工作规避会引起知识产权纠纷的部分；在产品创新成果的保护上更是不遗余力，除在企业所在地申请专利之外，更在产品的目标市场取得专利权从而保障产品在该市场获得可靠收益。例如美国苹果公司，为了防止旗下 iPhone 4 手机在中国市场被模仿，于 2010 年 10 月向中国相关部门提交了 11 项 iPhone 4 的外观设计专利申请[1]（图 2-8），为了应对不法厂商通过略微调整外观造型而避开专利权，这 11 项外观专利的差别很小，但同时，苹果公司非常清晰地强调了 iPhone 4 的氮化不锈钢圈和 Gorilla 高硬度玻璃，此举是为了进一步确立该产品的特征，并保障下一代产品仍然能在法律保护下延续这一特征，相应提高了该产品专利权的技术含量，使企图模仿该产品设计的商家彻底打消念头。

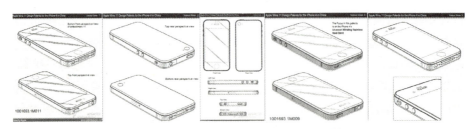

图 2-8　iPhone 4 手机 11 项外观专利 [2]

---

[1] http://www.cnipr.com/news/ 中国知识产权网．2011.3．

[2] http://www.pcpop.com pcpop 手机频道．

## 2. 企业外部环境的影响

近年来,院校每年都会向社会输送数十万计的设计类专业学生,这些学生的能力良莠不齐,在强大的就业压力之下,学生的就业也呈现出多元化。除以往进入企事业单位之外,有相当数量的学生选择自主创业,然而由于自身能力的差异,在市面上出现了一些打着设计旗号的工作室、设计公司,在缺少实践和积累的前提下做出了大量廉价、简陋的设计,进一步扰乱了设计市场,同时也使社会大众对设计艺术产生了曲解。

同时,我国现行的专利制度并不能有效地保护知识产权,对于侵犯知识产权的处罚力度太轻,执行力不够。知识产权保护力度影响着知识产权优势,知识产权的价值与它受到保护的力度呈现出正相关的关系,保护力度越强,其价值越大,不受知识产权保护的知识产权没有任何价值可言,或者说其知识产权价值为零。然而,知识产权的保护是维护设计原创性、保障创新源动力、规范设计市场的关键。对于设计艺术和创意产业而言,既需要政府的大力倡导,政策性的引导又需要运用政策法规对市场加以规范。一系列的针对设计市场的制度和法规都亟待完善,在倡导社会尊重设计原创性方面还大有可为。

随着我国加入WTO,国内企业不仅要在国外市场与世界级品牌博弈,在国内市场同样要面对国外强势品牌的竞争。对于重视知识产权的国外企业来说,通过专利申请,尤其是在技术含量更高的发明专利、实用新型专利申请比例方面,已远远超过国内企业,如奇瑞汽车发明专利仅占其专利总量的5%,而丰田汽车的发明专利达到了60%[1]。知识产权的技术含量越高,权力所有者的知识产权优势越大,也意味着其市场垄断性越强,随之带来的收益越丰厚。强调设计知识产权的国外企业,除了强调保护其技术含量高的知识产权外,越来越注重对产品外观设计的专利权保护,这势必对国内企业造成更大的冲击,对国内设计市场的运作方式提出了新的挑战,并对设计从业者的能力提出了更高的要求,迫使其转变。

---

[1] 马维野. 知识产权若干问题的思考与辨析. http://www.nipso.cn/index.asp 国家知识产权战略网. 2011.3.

# 无风险　不设计——设计风险管理

### 案例——设计的知识产权风险

知识产权是保障企业产品研发成果不被侵犯、保证企业依托产品创新获得收益的重要权益。现仅以存在于我国汽车行业的典型案例，说明设计的知识产权风险。

我国的汽车企业随着改革开放而发展迅猛，据中国汽车工业协会2011年1月10日发布的统计数据显示，2010年中国汽车产销量分别为1826.47万辆和1806.19万辆，同比分别增长32.44%和32.37%，超过了美国历史上最高1700万辆左右的销量纪录，创全球历史新高。但纵观全球汽车业界，我国汽车企业仍处于发展的初级阶段。从国内市场来看，销量排名靠前的是企业规模大、实力雄厚、与国外品牌较早展开合作的汽车厂商，如2010年销量前三名的汽车厂商分别是上汽、东风、一汽，销量排名靠前的车型也以合资品牌为主，如2011年2月轿车销量前三名的分别是上海大众-朗逸、上海通用-科鲁兹、北京现代-悦动[1]。从国际市场来看，据中国汽车工业协会发布的数据显示，2010年我国汽车出口量仅有54.49万辆，不足总产量的3%，而产量不如中国的德国，2010年汽车的出口比例达到76.29%，日本的出口量则超过450万辆。由此可见，自主品牌在国内汽车市场还未建立起明显的竞争优势，在国际市场上同样缺乏品牌号召力，竞争优势主要体现在销售价格上。

由于国内汽车企业和设计公司的整车研发设计能力不强、经验不足，尤其是对于中小规模的国内汽车企业来说，模仿市场上的成功车型成为他们事业起步的主要方式，主要体现在模仿成功车型的外观设计上。某媒体曾历数近年来我国存在明显外观设计抄袭行为的车型就达9款之多，其中又以河北双环汽车在2007年推出的两款车型争议最大，该企业遭到德国宝马汽车公司的起诉，一时间我国自主品牌汽车企业成为舆论关注的焦点，车辆外观造型设计的知识产权问题又一次被推向台前。

2007年9月，法兰克福车展的首日，德国影响最大的汽车类专业报纸《汽车

---

[1]　轿车月度销量排行. http://www.caam.org.cn/ 中国汽车工业协会. 2011年2月数据.

周报》刊登文章透露,宝马集团已在慕尼黑当地法院起诉中国双环汽车及德国经销商,与此同时,双环 SCEO 车型正在法兰克福车展展出。宝马集团认为双环汽车推出的 SCEO 车型外观效仿宝马推出的城市越野车 X5 车型,并以低廉的售价对宝马 X5 车型产生了市场冲击,侵犯了宝马公司的知识产权,要求慕尼黑法院作出相关裁决。2008 年 6 月,德国慕尼黑法院作出裁决,判定双环汽车构成侵权,并禁止德国汽车经销商进口外形酷似宝马 X5 的双环 SCEO 车型(图 2-9)。

图 2-9　BMW X5 车型(左)双环 SCEO 车型(右)

　　无独有偶,双环汽车在 07 年推出的另外一款车型——"小贵族",因为车辆尺寸和外观造型的主体元素与奔驰汽车旗下的 Smart For-two 车型过于接近(图 2-10),首度在国内公开亮相的"小贵族"就遭遇到奔驰汽车(北京)方面的投诉和抗议。随后德国宝马和戴姆勒 - 奔驰汽车公司公开表示,若双环汽车将其"抄袭"版本车型在任何国际车展上展出,宝马、戴姆勒 - 奔驰将采用法律手段,以保障自己的知识产权。2007 年 8 月 28 日来华访问的德国总理默克尔在中国科学院演讲时表示了对这一事件的不满,认为中国汽车企业的"抄袭"行为不仅损害了德国企业的合法权益,同时对于中国汽车行业的发展也极为不利。

　　尽管双环汽车公司并不承认其推出的车型存在抄袭,并举出了大量例证来辩驳德国方面的指责,但德国两大汽车巨头坚持认为双环"SCEO"越野车与宝马 X5、双环"小贵族"和奔驰公司的 Smart For-two 存在"显而易见的相似",而这种观点更为业界所普遍认同,并成了国外品牌打压我国自主汽车品牌的口实。以奔驰公司推出的 Smart For-two 车型为例，凭借其品牌价值和优秀的产品设计所形成的独特优势成为该公司最具特色的车型之一，甚至成为全球高端微型车市场的代表，作为奔驰公司自然格外重视此款车型的市场价值，必然会体现在通过取得专利来保护其知识产权。值得注意的是，在国内某知名购物网站上有出售 Smart For-two 车标套件的商家，而这种车标套件正是为"小贵族"量身定制的，车主只需要花费几十元人民币就能让自己的"小贵族"拥有奔驰车的"身份"，此举让人啼笑皆非的同时更是突显出自主品牌的弱势地位，通过"模仿"成功车型的外观设计显然不能使企业获得自身的品牌价值。奔驰公司在 2010 年 9 月宣布降低其 Smart For-two 全线车型在中国的售价，而此举进一步压缩了"小贵族"的市场空间。

图 2-10　Smart For-two 车型（左）双环"小贵族"车型（右）

设计的知识产权风险，不仅表现在不受专利权保护的设计成果会被窃取、本应属于自身的市场份额被蚕食，还表现在侵犯他人的知识产权，会使企业创新成果的价值大打折扣，不仅无法提升自身品牌价值，甚至会引起知识产权纠纷而给自身品牌或行业声誉带来巨大的负面影响。

如果说设计的质量风险是很难把控的，那么设计的知识产权风险则相对清晰，易于分辨和处置。但除去专利法规所明确界定的范畴外，产品与产品之间的相似性往往也存在着一定的模糊地带。作为设计师，无论是对产品的外观造型还是内部结构、原理，都较普通消费者更加敏感，因此，作为设计从业者，更要时刻把握职业操守，坚守职业的道德底线，摒弃抄袭。借鉴是设计师成长的必由之路，善于借鉴是设计师成熟的标志。所谓借鉴，是在充分理解基础上的创新，重点在于创新，借鉴前人的成果进而发展和突破，人类社会的各项事业莫不如是。原创也好，借鉴也好，创新是永恒的主题，只有这种创新化作产品的品质和知识产权，才能获得消费者坚定的好评。

## 无辜的地球——生态环境风险

在工业时代,企业的产品创新及其产品设计都是以市场为导向的,以刺激消费为宗旨,以追求经济利益的最大化为目标的,因此,很少或者根本不考虑对生态环境的影响。然而,随着环境问题的日益突出,在后工业时代,或换言之,在生态文明时代,工业产品设计就必须重点考虑其对生态环境的影响,并且,这一考虑应该贯穿于产品的全生命周期(product life-cycle)。

### 工业产品设计与产品全生命周期的生态环境风险

人、生产、环境是构成人类社会的三要素。人通过生产与环境产生能量交换并相互影响,而生产始于设计,也决定于设计,设计不仅提供生产的理念,也提供生产的方案。如果说生产是人与环境能量交换的中介,那么,这个中介的灵魂就是设计,设计对于人与环境的互动有着必然的联系,对于生态环境的恶化有着不可推卸的责任。

随着工业化大生产的发展,生态环境问题日益突出。人类的生产、生活已经对生态平衡产生了破坏性的影响,环境污染也从最初的局部问题发展成为全球性的问题。在这一背景下,产品全生命周期的生态环境风险的概念应该被确立,这一概念即是:由于工业产品设计所导致的产品从诞生到消亡的全过程中,对生态环境造成直接或间接损害的可能性。其内在的逻辑关系是:工业产品设计定义产品要素、决定生产工艺、指导销售策略、引导消费行为、影响生活方式,从而对生态环境产生影响。

工业产品设计对于产品价值形成的决定性作用,使产品全生命周期对生态环境的影响具有如下特性:①系统性:其影响既来自设计系统各组成要素,又来自外部环境;②流程性:与设计的业务流程息息相关,上游环节会对下游环节产生直接影响;③全局性:这种影响往往是环环相扣的,牵一发而动全身;④综合性:将会产生直接或间接的影响;⑤复杂性:除显而易见的损害之外,还存在损害的不确定性。

基于以上，有必要对产品全生命周期的生态环境影响进行梳理，得出其系统、全面的生态环境风险，这将有利于调整设计策略或采取相应的风险控制措施，从而将其生态环境损害消除或降至最低。这一全生命周期主要包括：产品的选材阶段、产品的生产制造阶段、产品的运输与销售阶段、产品的使用与维护阶段、废弃物阶段。

### 产品选材阶段对生态环境的影响

材料是构成物质产品的基础，选材是工业产品设计的重要内容。选材，不仅关系到产品的物理性能、视觉感观、触觉感受，还直接关系到产品材料的获取及其加工工艺，从而对生态环境产生影响。

从构成产品的材料来看，可大致分为天然材料和人工材料。目前，在工业产品的用材中，天然材料主要是木材、皮革和稀有石材。天然材料在色泽、质地与安全性方面具有显著优势，因此，在家具行业、服装箱包行业、奢侈品行业，天然材料仍然是首选。由于天然材料直接取材于自然环境，"来于尘土，归于尘土"，因此并不存在对环境的污染问题，其对生态环境的影响更多地体现在，当某一天然材料的数量与质量发生变化时，对整体生态平衡所产生的负面效应，如树木被大量砍伐，会造成水土流失、荒漠化、生物链条断裂等恶果。另一方面，由于材料的稀缺性能够有效地增加产品的附加价值，商家对其趋之若鹜，因而，某些优质的天然材料就此消失于人们的视野，从生态多样性的角度来看，这种损失将比前者具有更大的破坏性。

如果说，对天然材料的过度攫取其危害是显著的，那么，人工材料，尤其是不可降解的人工材料的泛滥，对生态环境的损害则是触目惊心的。人工材料建立在化学工业的基础上，按照其化学组成可分为：金属材料、无机非金属材料、高分子材料和复合材料，应用最为广泛的人造材料是钢铁、塑料、人造纤维、玻璃和陶瓷。人工材料之所以诞生，即是为了弥补天然材料在化学性质、物理性能、原料获取及加工成本等方面的劣势，然而，也正因如此造就了人造材料与自然环境的对立。人工材料泛滥所带来的环境损害主要体现在以下几个方面：①其获取需要消耗大量的不可再生资源并产生废气和废水；②难于或不能被自然降解，所形成的固体废弃物会对土壤、水体、生物造成直接或潜在威胁；③回收利用的成本高昂，焚烧所产生的大量有毒物质加剧环境污染。

产品设计中的选材，需要十分慎重，既要考虑成本因素，更要时刻以生态利益和环境安全为准绳，着眼于材料科学的进步，依照不同产品的性质和用途，选择最为适宜的材料，做到物尽其用；同时，应尽量减少构成产品的材料种类，降低其回收、利用的难度，将其对生态环境的损害降至最低。

### 生产制造阶段对生态环境的影响

设计，确立工业产品的各项效果和技术指标，并通过选择和制定相应的生产工艺将其实现。具体来看，工业产品设计需要对产品的外观尺寸、造型、结构、材料、色彩、表面肌理等进行定义，生产和制造则是依照以上各方面的设计内容而展开的。

众所周知，简化生产工艺将能有效提升效率、压缩成本、降低能耗、减少污染物排放，进而减轻环境压力。这一方面需要借助技术创新，如设备的创新，多轴联动机床、激光雕刻机、大型3D打印机的面世，使得以往复杂的工序得以简化并能够获得更高的加工精度；再如材料的创新，记忆合金、纳米陶瓷、石墨烯等新材料相继出现，除具备优异的物理性能之外，更能够简化产品结构和制造工序；但无论是新设备、新材料，还是新工艺，都需要长期的研发过程和巨量的资金投入。

另一方面，需要借助工业产品设计的优化，相较于技术创新，通过设计手段简化生产工艺将更加直接和高效。如在"绿色设计"理念指导下开展的简约设计（Minimalism design）、可调节设计、模块化设计、工艺简单化设计等，都能够极大地降低产品复杂程度，提升模具利用率并简化装配工序；此外，采用简洁的造型、单纯的材质、简单的结构，利用材料本色、材料本身质地、暗线装饰等具体的设计手法也能够有效地简化生产工艺。诚然，复杂的生产工艺，某种程度上反映出对产品的"精雕细琢"、"精益求精",然而,以此为标榜并刻意为之,反应在设计上,即是复杂的造型和结构、繁复的装饰和材质的堆砌,虽能够造就一时的感官刺激,然而从长远来看却是难以持续的,从资源节约的角度来看也是不可取的。

研究生产制造阶段对生态环境的影响,将有利于工业产品设计向着"结构最简单、材料最俭省、造型最简练、表面最纯净"[1]的方向发展,从而简化生产工艺,将生产制造阶段对生态环境的负面影响减至最低。

### 运输与销售阶段对生态环境的影响

运输与销售是产品转化为商品中最重要的环节,因此,不论是商家还是设计从业者,都对其高度重视。从设计角度来看,要保证运输与储存的便利、高效以及促进销售,重点在于产品的包装,可以说,运输与销售阶段对生态环境的影响,其主要来源是产品的包装形式。

首先来看运输阶段。从规模上来看,产品的运输无外乎两种:一是大批量的运输,如从工厂将产品运送至销售地;二是小批量或单品的运输,如从销售地运送至客户手中。不论是哪种形式,在运输过程中,对包装的核心要求是保证产品安全,即是保证产品免于因震动、撞击、挤压、受潮等因素的影响而使产品损坏或失效。为了保证产品安全,就必须采用更坚固的材料、更大的缓冲空间、更好的密封效果等,随之产品包装的质量更重、体积更大、耗材更多,但这会带来两个方面的问题,一是包装本身物料的浪费,二是运输效率的降低,而这也是运输阶段对生态环境产生影响的部分。

产品包装除保障产品安全之外,另一个重要使命便是增强展示效果,展示效果对产品的销售有着巨大的影响。因此就不难理解,为什么产品在包装上"煞费苦心",或是五光十色、鲜艳夺目,或是求新求异、特立独行。产品包装设计,为了增强展示效果,促进产品销售本无可厚非,在此要批判的是"过度包装"。所

---

[1] 蔡克中,王磊.论现代产品设计中简约主义的体现[J].包装工程,2007(10):69.

谓"过度",即是包装已经超出了合理的范畴,如运用高档材质、复杂工艺、夸张的体量等,甚至在部分行业,包装的成本已经高过产品本身,大有叫消费者"买椟还珠"之势。其目的,无非是通过"过度"来追求更大的附加价值,而这种案例比比皆是、不胜枚举。如果说,过度包装的首要问题是对资源的浪费,那么更大的负面效应是对社会生态的破坏,因为这种包装形式营造奢侈消费,助长奢靡之风。

研究产品的运输与销售阶段对生态环境的影响,将有利于产品包装向着轻量化、小型化、集约化、便于利用、易于再生的方向发展,这既是还原产品包装的本真,亦是对生态环境的责任。

### 使用与维护阶段对生态环境的影响

工业产品设计将定义产品的使用和维护方式,是使产品具备物质功能和使用价值的关键。产品的使用和维护,可能来自同一目标对象,也可能是不同的目标对象,但都是人与产品直接接触,并通过产品对生态环境产生影响的过程。在这一过程中,施动者是人,受动者是生态环境,连接两者的介质是产品,因此产品需要满足两方面的要求,一是人的需求,二是环境的制约。

满足人的需求,主要体现在产品的安全性和易用性(Usability)。产品的安全是基础,要求在产品的整个生命周期内确保用户的使用安全[1];易用是更高的要求,即是方便人们更好地去使用,要做到这一点,需要具备以下要素:可学习性、可记忆性、减少误操作、具备效率、令人满意[2]。这既是工业产品设计所追求的"以人为本",亦体现出目前产品设计的不足,而这种不足将会导致人在使用与维护产品时遇到诸多不便,甚至是危险,以至于对人身财产及生态环境产生不利影响。

要适应环境的制约,需要从两个方面加以分析,一是产品的质量,二是产品的能耗。在这里,产品质量是指能否长期、稳定、高效地工作;而产品能耗是指在满足功能需求的前提下,尽可能地节能环保。要满足上述要求,首先,需

---

[1] 谢华,邹超. 浅谈产品安全性的形成 [J]. 科技信息,2009(16):354.
[2] (美)Jakob Nielsen 著. 可用性工程 [M]. 刘正捷译. 北京,机械工业出版社. 2004:58.

要通过设计为产品设定适当的功能范围,功能范围过窄,会使得产品功能单一、适应性不足;功能范围过大,会造成功能浪费、结构复杂、维护困难。其次,需要通过设计使产品具备优良的工作性能,主要体现在产品的技术应用,材料运用、结构和工艺设计上。第三,需要通过设计使产品具备科学的使用功能,主要体现在高度协调的人机关系上。

研究产品的使用与维护阶段对生态环境的影响,将有利于提升产品的安全性、易用性,实现产品使用和维护的绿色高效。

### 废弃物阶段对生态环境的影响

产品丧失物质功能和使用价值后成为废弃物,此阶段对生态环境的破坏效应最为明显。现代设计强调贯穿于产品的全生命周期,尤其是"可持续设计"(Sustainable Design)的理念,提出设计应当使产品具备"从摇篮到摇篮"(Cradle to Cradle)的可持续性,即是希望最大限度地减少对生态环境的损害。但要使产品具备这一属性,需要摆脱两方面的困境,一是材料的限制,二是观念的束缚。

工业产品的用材绝大部分是人工材料,尤其是高分子材料,这类材料的共同特征是制造容易、回收困难,因而其成了固体废弃物污染的主要来源。尽管所谓"绿色材料"的概念在 20 世纪 80 年代就已经提出,但现实是这种材料并未成为目前工业产品的主要用材,这里既有技术的因素、经济的因素,也有人们观念的因素。

相对于突破材料的限制,观念的转变显得更加困难。首先,人们对于产品普遍是"喜新厌旧"的,产品生命周期的完结和产品代差的出现,是造成这一观念的客观因素,然而在经济利益的驱使下,产品"推陈出新"的频率越来越高、间隔越来越短,刺激着人们的视听,调动着人们的消费欲望,因此,许多产品正处在"壮年"时便已被提前终结生命。其次,人作为视觉动物,总是被精美、华丽的事物所吸引,这一方面是由于上述事物拥有更夺目的特征,而更主要的因素是人们对物质的迷恋和财富的炫耀,反之,质朴、简单的事物很难成为市场的主流,实际上,这是植根于封建时代、发展于工业时代的审美观念和价值取向在当今的投射。第三,随着经济的发展和生活质量的提高,人们缺乏主动

## 无风险　不设计——设计风险管理

延续产品生命和参与废弃物再利用的动机，人们已经习惯于购买和抛弃，而非维护和再造，因为前者意味着喜悦和简单，而后者意味着乏味和挑战。

研究产品废弃物阶段对生态环境的影响，即是对可持续这一命题的思考。可持续不仅仅局限于产品的可持续，还包括经济、社会、环境和文化的可持续，是一个宏大的命题。以设计引导和满足消费需求，并维持需求的持续满足，是达成可持续目标的重要手段，也是减少工业产品全生命周期对生态环境负面影响的有效途径。

### 案例——设计的生态环境风险

在此，希望通过一次设计实践来说明，如何在产品设计中充分考虑产品全生命周期的生态环境影响，并最终缔造一款"绿色产品"的。这款产品是笔者指导学生设计的一套以葫芦为原料的茶具（图2-11）。

在设计之初，我们首先梳理了茶具这类产品的全生命周期，即按照产品选材、生产加工、运输销售、使用维护和废弃物各个阶段，提出现有产品的一般设计内容以及优缺点，并重点考虑新设计对于生态环境的影响。

该设计的选材，基于对现有产品的分析。目前绝大部分的茶具以陶瓷作为材料，从材料来源来看，这种材料的来源广泛，工艺成熟，也长期被用户所熟知，唯一的缺憾是作为材料本身来说，基本不具备回收利用的可能，并且由于材料特性，非常容易碎裂。因此，我们将产品的选材着眼于可自然降解的天然材料，并希望这一材料仅需要简单加工就具备容器的使用功能。通过对于材料的器形、物理化学性能、成本等因素的再三比较，最终选择以葫芦作为此款产品的用材。

由于材料的特性，因此在加工制造阶段，其工艺也相对简单得多，无须像传统茶具那样经历复杂的制造工艺和流程，但在此基础上，我们仍希望其加工制造进一步简化。从葫芦的原始形态入手，经过两次切割，就能够获得一个茶杯、一个茶滤和一个茶托，再经过简单的打磨就可以完成整套茶具的加工制造。由于工艺的简单化，因此可以获得极高的生产效率，而作为现代工业产品最为强调的标准化，也因为加工制造的简单化而能够得到充分的保证。

第二章 设计——麻烦不断

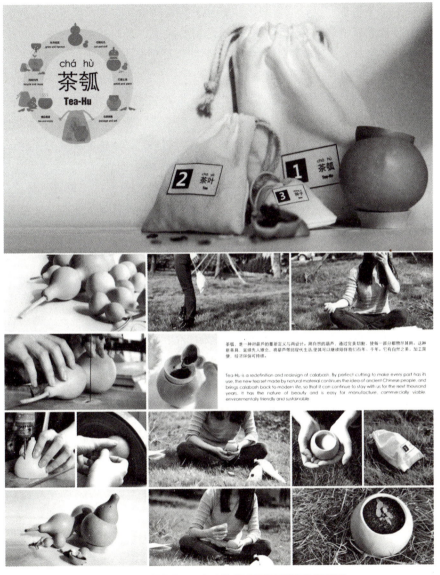

图 2-11 "茶瓠"一种以葫芦为原材料的茶具设计

在运输与销售环节，我们剔除原有产品繁复的包装形式，又因为产品本身的材料轻质且富有韧性，不惧怕普通的震荡和冲击，因此亦可以剔除原有普通茶具的防震包装（泡沫及纸壳填充物）。新包装采用麻布袋，不但从形式上与产品本身求得和谐统一，且布袋可以作为他用，延续了产品包装的生命周期。

使用与维护阶段一直是此次设计的重点，这关系到此款产品的核心价值。经过反复地论证与实验，葫芦本身具有良好的耐高温性能和防腐性能，自古以来，民间就有将葫芦作为盛水/酒容器的使用习惯，同时，由于葫芦本身并不具有强烈的味道，因此，作为茶具使用亦不会破坏茶本身的口感。

废弃物阶段是此款设计的又一亮点。当这套茶具丧失原本的使用功能后，可以作为盛放种子（此款产品中亦附赠葫芦种子）的容器埋入地下，作为肥料最终将全部降解，再次成为生态循环中的一部分。可以说，这件产品全面反映了设计在产品全生命周期中对于生态环境的考虑，将风险影响降至最低。这款产品先后获得了实用新型专利和国家发明专利[1]。

此次的设计实践，也为笔者和参与设计的同学带来了深刻的启示。在工业时代向后工业时代发展的历史进程中，在提倡构建生态文明的当下，工业产品设计将摆脱以经济利益为至高追求，摒弃以刺激消费为最高宗旨，遏制资源浪费与环境污染，逐步还原到以提升全人类生活品质、增添幸福感、促成人类与自然和谐共生局面的本真，这是时代赋予它的新的历史使命。

---

[1] 实用新型专利：ZL 2013 2 0872038.9 发明专利：ZL 2013 1 0734521.5。

第三章 风险——管或不管

## 万无一失——保险型设计

"万无一失"所传递的是一种强烈的主观意愿,表示有着绝对的把握,不会有任何失误,然而风险是否会发生,并不因为这种主观意愿产生丝毫的改变。为了最大限度地降低失误的可能,做到"万无一失",需要在设计时涵盖项目的各个方面并制定出周详的解决方案(包括应急预案),这需要长期的准备并耗费极高的成本,因此,尽管我们希望每件项目都能够达成既定目标,而事实上我们只能集中资源来保障为数不多的、最为重要的目标得以实现,这至少涉及两个关键要素,即设计的系统性和安全性。

现代的产品设计,无论是从涉及内容还是从工作流程来看都是典型的系统(产品设计系统),设计的系统性在"产品系统设计"的相关研究中已经探讨得非常充分,在此需要特别指出的是如何借助系统设计的思维及方法,保障设计目标的达成。产品设计的系统性体现在设计中诸要素以一定的结构形式形成具有某种功能的有机整体,其核心思想是设计必须具有全局/整体观念,重点在于处理好要素与要素、要素与系统、系统与环境三方面的关系。

为了使设计系统高效率平稳运行,设计师们必须清楚地了解系统设置的原则并参与系统设置的过程:首先,系统应该是"简单"的,结构和内容简单的系统更容易组织、协调和控制;其次,系统应该是"灵活可变"的,这需要构成系统的各要素/单元具有相对的独立性,易于重新排列和调整,以便适应外界环境的变化;第三,系统应该是"一致完整"的,即各要素间的信息交流是通畅的,具有一致的规范和标准,系统本身是一个有机的整体;第四,系统应该是"可靠"的,需要诸要素具有一定的抗风险能力(冗余、容错设计),使得系统整体具有较高的风险阈值;最后,系统应该是"经济"的,整个系统的运行和维护应最大限度地符合成本效益原则,为了保障设计目标"万无一失"得以实现,系统的经济性可以适当妥协,这也是该类型系统不可能大规模应用和长期持续运行的原因。

# 第三章 风险——管或不管

在设计系统的实际运行过程中仍然需要注意各种不确定因素[1],同时,设计师也应明晰各种设计系统模式及其优势。目前,较为主流的设计系统模式有如下三种(图3-1):①"O-R-O 模式":这种模式将设计系统分解为"客体(Object)"(设计的条件——要素、投入),"联系(Relation)"(设计的重心——结构、转换)和"产出(Output)"(设计的目的——功能、实现),这种设计系统具有过程简明、结果可预见、可逆向使用(从目的反推条件)的优势;②"串行模式":这种模式将系统中诸要素按业务流程排列,依次施行,具有清晰的路径并易于发现问题、及时控制,是目前普遍采用的设计系统;③"并行模式":即从产品开发设计伊始,全盘考虑产品整个生命周期中的各项要素,并针对各要素会同相关人员同时、多角度开展设计协作,这种模式的优势在于包含要素多(但需要甄别关键要素)、考虑更加周详(可靠性高)、方案数量多(更容易出现优质方案)、易于及时发现和修正设计失误,非常适用于保障重点设计目标的实现。

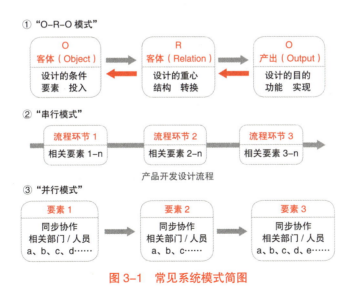

图3-1 常见系统模式简图

---

[1] 详见第二章中"产品创新设计的系统风险"。

## 无风险　不设计——设计风险管理

重大航天工程是复杂的巨系统工程，所代表的是一个国家航天发展能力的最高成就，所反映的是群体智慧集成的高超能力，因其重要的实际和象征意义，往往也成为一个国家的重点保障项目，在这一领域，"万无一失"成了高频词汇。著名的"阿波罗计划"（Project Apollo）就是一个典型案例。"阿波罗计划"是一项十分复杂的重大科技系统工程，耗时11年、耗资255亿美元、参验单位包括2万家企业、200余所大学、80余家科研机构，总人数超过30万人。在整个项目的最初阶段就采取了"并行模式"，针对"登月"这一核心目标引入了如弗莱明委员会、喷气推进实验室、多兰研究小组等机构，提出了8种登月可行性方案[1]，面对这些方案所包含的海量高维数据，美国国家航天局通过"降维"[2]处理，得出了最具可行性的实施方案——"月球轨道对接法"。最终，"阿波罗11号"飞船实现了人类登上月球的梦想。从1969年7月到1972年12月，先后有12名美国宇航员乘坐"阿波罗"飞船登上月球，而"阿波罗计划"在科技以及群体智慧集成创新方面的成果则使人类受益至今。

工业产品由各个部件组成从而实现功能，随着产品功能性的提升、适应面的延展和自身形态的变迁（物质、非物质），形成了一个复杂的人工系统（产品系统），同时，工业产品与人类活动和环境因素相互作用，又形成了一个更加复杂的人-机-环境系统。在这一系统中，工业产品作为工具保障人类活动的目的性，并与环境产生交互，在此过程中，工业产品既是人类机能的延伸，又是保护人类安全的物质结构。从某种角度来看，工业产品是人类抗衡外部不确定性（风险）的产物，而产品的安全性则反映产品抵御风险的能力。当人类越来越依赖产品（工具）来实现各项机能并与环境产生交互时，人类也就将自身的命运交给了工业产品（如公共交通工具）。因此，从这个意义上来看，保证安全性是产品设计的

---

[1] 李存金，王俊鹏．重大航天工程设计方案形成的群体智慧集成机理分析——以阿波罗登月计划为例[J]．中国管理科学，2013（21）：105．

[2] 高维数据中包含了大量的冗余并隐藏了重要关系的相关性，降维的目的就是消除冗余，减少被处理数据的数量，因而被广泛应用于数据分类和模式识别等领域。主流的降维方法包括主成分分析（PCA）、线性判别分析（LDA）和多维标度分析（MDS）等。

第一要务，设计方案在安全性方面的考虑是否周详，是保障设计目标达成的关键要素。

目前，在工业产品设计中主要考虑两个方面的问题：首先是尽量减少或消除产品在正常使用时的安全隐患，其次是杜绝产品可能被错误地使用[1]。在保证产品安全性方面，设计师同样需要遵循如下原则：①简单易懂：设计越复杂出错的概率越高，简单易懂是产品具备可用性和可靠性的重要基础；②故障安全化：要允许用户犯错，当错误发生并影响产品正常使用时应保证产品和用户的安全；③保护薄弱阶段，产品的安全性取决于安全链条中最薄弱的阶段，针对该阶段应有冗余/容错设计，从而提高产品整体的安全性；④分隔：将复杂产品分隔为相对独立、功能单一的模块，防止错误发生时的连锁反应；⑤符合法规：法规所反映的不仅是硬性的约束力，同时也反映出行业普遍标准和成功经验，需要注意的是国家与地区间的法规差异。

在实际的设计过程中，设计师们需要尽可能保证产品在物理和心理两个方面的安全性，具体包括产品造型、色彩、材料、结构、人机—尺度等方面的安全性，产品使用过程和面对外界影响的安全性，特殊使用群体的安全性，产品对环境影响的安全性等。而这些并非由产品设计师独立完成，需要借助其他学科的专业研究方法，如风险管理法、遵循安全设计指南法、形式化验证法、发现修改法、预防性安全设计法、安全需求分析法等[2]。"还原设计法"（图3-2）是易于被产品设计师所采用的一种安全设计方法：这种设计方法的核心，是将产品的功能进行分解，并对各项功能逐一分析其实现途径（即功能还原），再逐一分析各种途径的优缺点，从而确定最佳途径，依据最佳途径得出改良设计方案或全新设计方案。这种方法是从具体到抽象再到具体的思维过程，将有助于设计师摆脱固有设计模式（思维局限）所带来的各种产品安全隐患，有助于激发全新设计方案的产生，从根本上规避某些安全风险。

---

[1] 江牧，林鸿.工业产品设计的安全向度[J].包装工程，2010（22）：45.

[2] 胡炎，谢小荣，辛耀中.现有安全设计方法综述[C].中国电网调度运行会议论文集.2005.

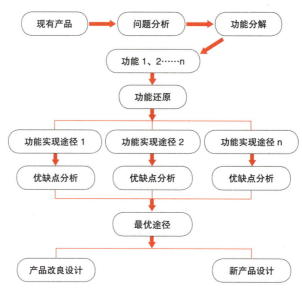

图 3-2 "还原设计法"操作流程图

## 百密一疏——普通型设计

正如前文所述,"万无一失"的设计愿景是苛刻的,需要巨量的资源投入和漫长的设计周期。而面对瞬息万变的市场环境,企业不得不灵活地应对市场变化,在遵循成本效益原则的前提下,尽可能保障产品创新的成功率,并在一定范围内接受设计失败的可能,这是企业产品创新中对于设计的普遍期待。"百密一疏"是对这种期待的文学化的表述,基于这一普遍期待的设计模式,也正是大多数企业所采用的、成熟的普通型设计模式。

普通型设计模式所恪守的原则是成本效益原则,当一项设计任务的成本大于收益时,设计活动是不会被开展的。这种成本包括两个方面,一个是设计活动本身所需的支出(设计成本),第二是现实设计方案所需的支出(生产成本)。理想状态下,两者之间存在如下关系:设计活动的核心价值不仅体现在通过设计方案为企业带来市场回报,同时体现在为企业提供最优的生产解决方案(尽可能降低生产成本),而这种价值客观反映在设计成本上(反映价值规律[1])。因此,企业在决定开展设计活动时,首要工作是基于成本效益原则挑选合适的设计主体(自行设计/委托设计),在评估设计方案时同样会依照成本效益原则,挑选出最符合"经济性"的设计方案,这也从客观上造就了普通型设计活动的一般范式,体现在以下几个方面。

1. 合理的设计周期

每种类别的产品在面市后都会经历引入期、成长期、成熟期和衰退期,并结合产品的差异性(如用途、产品寿命、售价等)而形成其相对固定的市场生命周期。产品的市场生命周期与消费者的消费习惯密切相关,落后于消费者的产品更换周期,则意味着市场份额的丢失。从智能手机市场来看,根据市

---

[1] 如果将设计作为一种服务型商品,那么这种商品的价格与价值总体相符。即优质的设计服务理所应当获得更高的设计费用,反之亦成立。

场调查机构 TECHnalysis Research 对中国、美国、英国、德国以及巴西五国超过 3000 名的受访者的访问，他们更换智能手机的周期约为 22 个月，而中国消费者的更换周期更短，只有 16～18 个月；再以我国家用汽车市场为例，在我国由于政策法规（年审制度）和折旧等因素，大部分车主更愿意在 5～6 年的时候更换新车。而几乎所有产品的市场生命周期/换代速度都要快于消费者的更换周期，智能手机的换代周期为 8～12 个月，家用汽车为 5 年左右（为了延长产品的市场生命周期，往往会在第三年的时候推出小改款）。产品的设计研发必须依照产品的市场生命周期开展，这包含两个方面，一是针对产品在其市场生命周期不同阶段的完善或更新（如针对设计缺陷的召回制度及小改款等），二是换代产品的设计研发。从产品换代的角度出发，如果设计进度赶不上换代速度，将意味着失去市场的窗口期，造成用户流失；而如果过于强调缩短设计周期，则可能需要为此支付更高昂的设计研发费用或承担更高的设计风险。

2. 成熟稳妥的设计流程与方法

在保证合理的设计周期的前提下，企业更愿意采用成熟稳妥的设计流程与方法，这将能有效地减少因方法的不确定性所带来的设计风险。先来看看一般设计流程：这一流程包括调研阶段、设计阶段、鉴定阶段、生产阶段（部分基于产品全生命周期的设计还包括产品的运输与销售阶段、回收与再生阶段），且在各阶段的衔接处都会设置相应的评估和反馈机制，以保证各阶段的设计质量；具体的设计方法则体现在不同的阶段中（有些阶段会采用相同的设计方法），例如在任何阶段都可以采用"头脑风暴法"（包括其衍生方法：6-3-5 法、角色风暴法、戈登法等），"列举法"（缺点、希望、属性列举等），"KJ 法"（Kawakita Jiro Technique）等。由美国学者 Bella Martin 和 Bruce Hanington 在 2012 年出版的 *Universal Methods of Design* 一书中，列举了 100 种常用的设计方法，并且标示出了每种方法所适用的设计阶段，非常具有参考价值。正如人对于安全的追求，企业的自保意识也是一种本能，任何新的设计流程与方法在充分验证其有效性之前，大多数企业都不会贸然尝试。

## 3. 适度妥协

尽管企业的产品研发都希望达成最初所设立的各项目标，但在实际操作层面，由于受到企业外部的政策导向、市场行情以及企业自身的研发实力（技术、人才、资金等）的影响，适度地妥协也是经常会遇到的情形。这种妥协并不局限于某个固定的方面，它所反映的是企业调动资源和灵活应对的能力，产品设计研发需要根据所面对的问题动态调整，根据妥协所造成的损害进行评估并排序，损害最小的方面也是最先被妥协的方面，正因为设计过程中面临诸多因素制约，设计过程也被视作是妥协的过程。而这种妥协的极端表现形式，就是终止或弃用整个设计项目，当设计过程或成果不符合成本效益原则时，这种情形就会出现。对于某些实力雄厚的企业而言，在设计项目之初就会引入竞争机制，若干个创新主体（个人或团队）会针对同一设计项目开展设计工作（往往是完整的/全流程的），而最终选定的方案将会是极少数，在这种竞争机制中，终止和弃用的比例是非常高的。

如果将普通型设计比作一款产品，那么这款产品将是中庸的，因为构成它的诸要素都是最成熟而普遍的。这不禁让笔者联想起 SONY 公司对待产品的态度，在 20 世纪 70 年代至 21 世纪初的 30 余年间，SONY 是消费类数码产品当之无愧的王者，与其他企业产品创新的理念不同，最轻、最薄、最强一直是这家企业的追求，在这种理念的指导下，世界上最便携的数码产品几乎全部来自于 SONY。当其他企业采购市场上最成熟(意味着更稳定与廉价)的电子零部件时，他们会为了满足苛刻的产品指标而独立研发众多的零部件（图3-3），尽管这些产品被奉为教科书般的经典，并创造了世界范围内一个又一个的第一，成为行业的标杆，然而巨量的研发投入势必对产品利润和市场空间造成挤压。事实证明，当一种更加高效、合理的设计理念被建立，消费者不再追求极致的产品性能指标而更看重产品的综合体验时，一个企业帝国就会在瞬间崩塌，这种高投入、低回报的创新理念是不可持续的。这也充分验证了普通型设计，这一看似保守的设计方式的合理性，尽管各种新的创新方法和设计流程不断涌现，然而在它们颠覆既有范式之前，适度、稳定、有效的设计系统仍然是绝大多数企业的追求。

**无风险　不设计——设计风险管理**

图 3-3　SONY 的"口香糖异型电池"及记忆存储体"Memory Stick"

## 无为而治——协同型设计

"协同"一词来源于古希腊语,又意味着协调、合作。在20世纪70年代诞生了协同论/协同学(Synergetics),是一门研究不同事物共同特征及其协同机理的新兴学科。而协同设计(Collaborative Design)的概念则提出得更晚,并且至今还没有一个权威的定义,普遍认同的观点,即为了完成某一设计目标,由两个以上具有设计能力的主体,通过一定的信息交互和相互协同机制,分别以不同的设计任务共同完成这一设计目标。

丹麦的视听品牌 B & O(Bang & Olufsen)是协同设计的典范。它的产品风格非常独特,而这种独特并不是由某种特立独行或者夸张的设计语言所形成的,它的产品线非常丰富,每款产品有自己的特征,但又具备很高的品牌识别度(图3-4),要做到这一点是非常困难的。B & O 能够获得这种产品的个性化与品牌基因的高度协调,得益于协同设计。其设计部门是一个人员精炼并横跨几大洲的虚拟的设计组织,在公司内部仅设置设计管理负责人(协同设计的组织、协调机构),而设计师则分布在英、法、美等国家,这些设计师都是居住分散、各自独立的自由设计师。他们共同遵循 B&O 公司在20世纪60年代所制定的七项设计原则:逼真性、明确性、可靠性、家用性、简练性、个性和创造性,再结合公司在材料、表面工艺、触感和色彩上的传统,使设计师们的方案既有个人特色又有极强的品牌属性。

协同设计有其自身的特点。首先,协同设计具有"多主体性",这体现在完成设计的主体通常在两个或是以上,这些设计主体具有各自的知识领域、设计技能和经验,并且能够相对独立的开展设计工作;其次,具有"协同性",这种协同体现在组织内部通常有负责协调、组织的机构,这一机构负责向各设计主体传达设计目标、沟通设计细节、反馈修改意见并建立评价机制等;第三,协同设计具有"共同性",虽然各设计主体相对独立,但他们均围绕一个共同的设计目标开展工作;第四,协同设计具有"灵活性",该设计体系中的人员组成相对灵活，可根据设计内容和目标进行优化组合，且各设计主体具有较大的创作空间，因此也体现出有别于普通设计模式的高度的"自主性"。

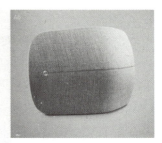

标志性的音乐流媒体系统　　　　　特殊的声学性能　　　　　　　一体式音乐系统
一体式无线音乐系统，梦幻般操作体验，多色可选　　低音炮&2个卫星扬声器　　　让房间萦绕宽阔饱满的声音

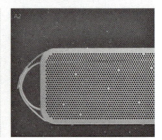

强大的蓝牙音响　　　　　　　　澎湃而真实的声音　　　　　　天生移动
强大而清澈的声音　　　　　　　家用无线蓝牙音箱　　　　　　便携式蓝牙音响

图 3-4　B&O 系列音响产品[1]

协同设计一般有三种协同方式：①"异步协同"：这种协同方式强调设计主体的灵活自主，各主体间不需要实时交互，是一种低耦合度的协同方式，能够最大限度地发挥设计主体的个性，有利于各设计主体的自由创作，提出风格鲜明、差异性大的设计方案；②"同步协同"：与"异步协同"相反，这是一种耦合度

---

[1] http://beoplay.cn/products.php.

非常强的协同方式，强调设计主体联系的紧密性，需要组织、协调机构协同各设计主体在同一时间段内，共享工作内容、共同开展设计工作，要求信息的实时互通；③"顺序协同"：即按照设计流程，各设计主体依次完成相应的工作内容。

正是协同设计自身的特点，造就了其与一般设计模式的不同，其运作过程、设计管理的重点也体现出鲜明的特性。首先，协同设计系统高度依赖信息通信和协调，因为要连接各个设计主体，因此需要有通达的信息交互平台，以满足各种设计信息的输入与输出，这一平台将保障设计系统的"知识共享和集成"；其次，需要通过协调、组织机构协调各设计主体，使其兼顾"协同性"与"自主性"；最后，这一机构还将制定统一的仲裁标准，用以进行设计决策和调解设计分歧，以保证设计项目能够有效推进。

计算机及网络技术的进步，使得远距离/异地协同设计成为可能。1984年，麻省理工学院（MIT）的依瑞·格里夫（Irene Greif）和DEC公司的保尔·喀什曼（Paul Cashman）等人在讲述他们所组织的有关如何利用计算机支持来自不同领域与学科的人们共同工作时，提出了一个概念，其核心是"利用计算机支持通信、合作和协调"，此后便发展为"计算机支持协同工作"（CSCW-Computer Supported Cooperative Work）。CSCW被广泛应用于远程教育、远程医疗、合作科学研究、电子商务/政务等领域，也为协同设计提供了技术支持与理论指导。

实际上，协同型设计是一项复杂的系统工程，是典型的动态离散事件系统（DEDS）[1]，具有动态性、随机性等特征，因此需要建立过程模型，并在此基础上进行仿真运行和性能分析，以便在实施前及时发现工作流程模型中可能存在的瓶颈，还需要在实际运行过程中全面跟踪与监控。而在此所谓的"无为而治"并非是指在采用该设计模式时无须管理，而是基于如下两个原因：

其一，协同设计是当前设计自动化领域的一个重要发展方向，是一类典型的CSCW应用，主要研究如何利用计算机网络技术对多人参与的设计工作所涉

---

[1] 离散事件动态系统：是由异步、突发的事件驱动状态演化的动态系统。Discrete Event Dynamic Systems，简记为 DEDS。

及的数据以及设计过程进行组织、管理和协调[1]，在协同设计过程中集成了大量的产品知识信息，而这些信息需要在产品设计时方便地被各设计主体所调用，以减少重复性工作，因此，这些信息的获取、收集、分类、储存、查询等共同构成了一个知识管理的信息系统，同时，起源于办公自动化的工作流管理系统（WfMS）[2]，借助计算机技术实现了业务流程全部或部分的自动化，可以说，在计算机科学与管理科学的相互作用下，协同设计的过程管理正向着智能化管理的方向发展。

其二，协同设计的初衷，是为了集成不同企业/设计主体的产品设计资源/优势，通过先进的网络技术和计算机辅助设计工具，克服传统企业/设计主体间的地理、时空和应用系统异构平台等障碍，实现一种全新的产品设计开发方式，从而使企业在稍纵即逝的动态市场竞争中实现企业/设计主体间的合作共赢[3]，因此，特别强调设计主体的"灵活性"与"自主性"，这从客观上保障了设计方案的个性化和多元化，以摆脱单个企业产品设计开发能力的不足。因此，不论是从设计过程的智能化、自动化维度，还是保障产品个性化、多元化维度来看，协同型设计的风险问题都体现出新的面貌和状态，其设计风险的管理措施也更多地需要借助计算机科学与管理科学，而随着产品创新，尤其是复杂产品创新的技术和理念升级，协同型设计都将是产品设计的重点实践领域和重要研究方向。

---

[1] 刘勇.面向网络化协调设计的合作对象管理研究 [J].工业工程，2007: 99.

[2] 工作流管理系统（Workflow Management System，WfMS）是一个软件系统，它完成工作量的定义和管理，并按照在系统中预先定义好的工作流逻辑进行工作流实例的执行。工作流管理系统不是企业的业务系统，而是为企业的业务系统的运行提供了一个软件的支撑环境。

[3] 孔建寿.面向协同产品开发过程的集成管理技术研究 [D].南京理工大学，2004: 12.

## 大冒险——冒险型设计

从时装设计师到建筑设计师,几乎所有设计师们都认同一个观点:每一次设计都是一场冒险。这种冒险当然存在程度的差别,其中冒险程度最大的是原创设计,因为原创设计是未经市场检验的,鉴于新产品研发的成功率普遍较低,原创设计的冒险性可想而知,采取跟进策略的"效仿"和"抄袭"正是为了规避原创的风险。然而,一个企业想要成为行业的领头羊,并通过产品创立一种新的流行趋势,就需要始终保持"冒险精神",需要尊重原创设计并源源不断地产生原创观点。目前来看,业内并没有"冒险型设计"这样一种概念或提法,但笔者尝试提炼这样一种类型的设计,这种设计的前提是"原创",其核心是为了应对高风险高回报的设计项目,高风险体现在"原创"可能遭受的失败(除设计自身外,还包括市场时机等因素),而高回报不仅于短期的经济回报,还应包括企业形象提升、产品战略布局、社会与环境责任等中长期的各种回报。

好消息是,随着网络技术和创新模式的发展,冒险型设计的"冒险性"可能正在被消解。基于互联网的高速发展,"云+端"的产品模式已经成为当下和未来产品/服务的主要形态,而在当今的中国,"互联网+"已经成为高频词汇。智能硬件和以互联网为基础的产品/服务将对涵盖"衣、食、住、行"各方面的传统业态产生巨大冲击,这将意味着对于传统的颠覆和巨大的市场机遇,"全民创业,万众创新"政策的提出,则是对于这一重大历史机遇的回应,而随之涌现出的产品创新模式也深刻地影响着设计业态的发展。

对于大型企业而言,由于他们占据品牌、渠道、资金、技术等优势,成为创新创业中当仁不让地强势"主体",而数以万计的小微型企业则凭借原创活力和灵活性成为创新的"造血单元"。在互联网思维的影响下,大型企业的各事业部具有高度自治的权限,他们可以有针对性地从海量的小微企业中搜寻创新亮点,通过评估和筛选,将符合自身发展战略和产品定位的原创设计通过股权或全资收购等方式纳入自身的产品体系,打个形象的比喻,大型企业就如同智能手机的软件平台,而小微型企业就如同海量的 APP。事实证明,这种创新模式能够极大地简化企业的创新过程,并且获得比以往更加丰富的设计方案,而其冒险性,也因为研发风险被层层分解和转移而大为减小。

而另一方面,对于小微型企业而言,众筹平台也为他们开展"冒险型设计"提供了可能。众筹(Crowdfunding)模式凭借其低门槛、多样性、支持来源广泛和注重创意的特点和优势,吸引着大量具有创造力但缺乏资金支持的创新主体。据宾夕法尼亚大学的相关研究,Kickstarter(最早提供众筹服务的网络平台)在 2009~2015 年,共向 61654 个项目提供了众筹服务,而这些项目已经创造了超过 29600 个全职工作机会、283000 个兼职工作机会以及 8800 个新兴企业和组织。众筹平台的出现,不仅节省了投资人发掘投资项目的时间成本,同时也拉近了市场与创新主体的距离,创新主体需要尽可能地展现自己的实力和对于市场的价值,而这一机制也有益于筛选出最强大的团队和创新的理念,因为只有具备这些,才能接受市场检验并获得投资者的青睐。

通过前文我们会发现,拜新型的创新创业模式所赐,传统意义上的"冒险性"正在被削弱,因此,这里所言的"大冒险"似乎并不像其字面上看起来那么令人望而生畏。虽然对于某些类型的企业来说,创新成本会较以往有所降低,然而从社会整体的创新成本来看,即使是在新的创新模式下,仍然需要耗费巨量的投入,这种"冒险性"仍然存在并且值得我们关注。作为设计师群体,需要随之作出改变,以适应这种新形势下的产品创新。

基于新的产品创新模式,设计师群体也出现了新的定位和划分。大型企业中的设计部门仍然会保留,但由于海量小微企业的原创设计可供筛选,企业设计部门中的设计师数量会更加精简。而另一方面,设计师作为小微企业的创始人/合伙人这一角色定位则会随着创业浪潮的助推而持续增加。此外,由于众筹平台的出现,也将造就更多的独立设计师。因此,从整个设计师群体的定位划分来看,企业设计部从业者将是小众的。他们除了既有的设计工作外,更重要的职责是将企业所挑选的原创设计进行优化,使之与企业既有的设计语言相一致,并协调从设计到量产的相关阶段。他们是设计方案的"整合者",服从于企

## 第三章 风险——管或不管

业的各项规范、适应于商业语境、强调效果与效率、重视方法超过设计者的个人理解。

而活跃在小微企业中的设计师群体（包括独立设计师），则是以"原创提供者"的身份自居的，因为原创活力是小微型企业的核心竞争力。他们适应于更灵活弹性的工作机制、更看重突破性的创新、更强调独特的态度和技能、更重视设计者的个人理解。如果从"原创即意味着冒险"的角度来看，这些"原创提供者"所面对的风险似乎更大一些，但从创意本身的自由度来看，他们可以拥有更广阔的创造空间，也将有可能成为产品创新过程中最令人着迷的一类角色——"激进的设计研究者"。

在大多数成熟的企业中，由于设计师必须服从商业语境并强调效率，使得他们逐步丧失了善用"个人文化"这一珍贵资产的能力（独立设计师则更具风格化及个人魅力），开展个性的、突破性研究的能力逐渐丧失，成了专注于贡献"创意"的工匠，然而突破性创新需要的是人们独特的态度和技能。既然设计师已经能够高效地实现创意和以用户为中心，接下来，应该基于自身独特的文化背景，通过对社会、文化和技术的演变进行一种更广泛深入的探索，来挖掘全新的产品意义——成为"激进的设计研究者"[1]。那么，怎样才能成为一名设计激进研究者呢？首先，设计师需要了解自身的文化背景，重拾个人文化资产（每个人都有自己的故事，而人们喜欢听故事，而且极有可能产生共鸣）；其次，依照自己的价值判断找寻研究对象（个性化的价值判断会提供更多的视角）；第三，鼓励看似荒诞的对象，并开展深入研究（有利于摆脱思维定式）；最后，遵循研究规律，运用科学的研究工具（学科交叉综合）。

在这里，不得不强调设计中创意与研究的差异性。创意与研究，在任何范畴内都是不可或缺的，但在设计行业这一范畴内则存在明显的倾向性。在设计行业的现状中，我们更多地看到对于创意的强调，而忽视或刻意回避研究，这

---

[1] （意）罗伯托·维甘提（Roberto Verganti）.设计驱动式创新（Design-Driven Innovation）[M]. 北京：中国人民大学出版社，2014.

## 无风险　不设计——设计风险管理

与两者的差异性有很大的关系（表 3-1），这在反映出设计行业特殊性的同时，也暴露出了该行业缺乏核心竞争力的原因。

设计中创意与研究差异性简表　　　　　　　　　　　　表 3-1

| | 创意 | 研究 |
|---|---|---|
| 过程 | 过程往往是轻松而愉快的 | 过程往往是枯燥乏味的 |
| 机制 | 需要的是无数换代观点的迅速形成（点子越多越好） | 需要的是瞄准一个目标进行无尽挖掘（越深入、活跃越好）|
| 侧重点 | 欣赏一个全新视角 | 看重的是知识和专业性 |
| 基础 | 建立在多样化和丰富性的基础上 | 聚焦于一个特定的想象去挑战既成范式 |
| 倾向性 | 可以不带文化色彩，只要能解决问题 | 带有研究者自身的倾向性 |
| 来源 | 多样性注定了其贡献者来源十分广泛 | 深入性和专业性注定了其贡献者仅存在于部分群体中 |
| 受益者 | 受益者主体是普通民众 | 受益者主体是专业人群，而普通民众更倾向于倾听专业的意见 |
| 效用 | 能够解决眼前的问题 | 具有前瞻性 |
| 影响 | 带来改变 | 带来颠覆 |
| 投入 | 成本更低 | 持续投入 |

　　就产品设计而言，产品是设计的载体，也是商品社会的产物，因此设计需要符合商业语境，遵循商业模式和消费者的喜好，这是企业设计师们的必备素质，而从某种程度上也限制了突破性创新的可能。事实上，突破性的创新是多数设计师所追求的，而从事一些从自身价值观和判断出发的设计项目，将非常有利于成就突破性的创新。创新是设计师的天职，只有当设计师把握好自身的定位并在科学合理的设计方法指引下从事"冒险"，才能真正体会到设计的乐趣并向社会贡献价值。

第四章 智慧——源远流长

## 古人这么看——古代风险意识

### 中国传统风险观念

在东、西方两种不同的文化意识中,构成现实原则的实质内容与价值尺度不尽相同。因此,可以从两种不同的文化视角来解析中国民间传统观念的理性和感性因素以及其间的关系。

从整体来看,西方传统文化认识论的世界是二元对立的,即将世界划分为一个作为"主体"的精神世界和一个作为"客体"的物质世界。在这种二元的认识体系中,存在着主体与客体、精神与物质、理性与感性、人工与自然等广泛的二元对立。在这种认识论中,人被视作是一个能够思维的"主体",而包括人在内的现实世界则是基于人这一"主体"通过理性的认识、分析,从而把握的现实存在。因此西方传统的文化认识是基于"理性"而构建的,"理性"也成了衡量一切的、至高的价值尺度。基于这种价值尺度,西方人在认识世界、寻求真理、把握现实的一系列过程中无不显现着自古希腊以来数学和科学传统中重逻辑推理,以实验分析、比较和归纳为基础,从而得出结论的所谓科学理性,并逐步成了统治世界的现实原则。在这一原则中强调经验的有效性和概念的精确性,强调数理化的、可定量的、机械而严谨的思维模式,强调运用科学理性对自然进行探究、征服、利用和占有。由于崇信人的认识能力,独尊理性的价值,导致人与世界的同一性的破坏,使人在"理性"的神圣光环中逐渐丧失了灵性自明,以至于在根本意义上丧失了人自身[1]。

中国传统文化认识中的世界是一个有机而统一的整体,因此并不存在西方认识论中的"主体"与"客体",因而也更不存在诸如精神与物质、理性与感性

---

[1] 吕品田. 中国民间美术观念 [M]. 长沙:湖南美术出版社,2007:192.

## 第四章 智慧——源远流长

的分裂与对立。所谓"三才者，天地人"[1]，中国传统文化认识中一直将人与天、地等同并列，以三者并列作为探索宇宙、认识世界构成规律的基本框架；中国人崇信"天人合一"，主张人与自然万物的沟通融合、和谐相生，崇尚天地自然整体性和世间万物联系性的有机的宇宙观。在这一观念中，人被视为等同于天、地的化育者，强调人类本性的重要和对生命意义的追求与体验，如《中庸》中所言："唯天下至诚，为能尽其性；能尽其性，则能尽人之性；能尽人之性，则能尽物之性；能尽物之性，则可以赞天地之化育；可以赞天地之化育，则可以与天地参矣。"[2] 又所谓"天时、地利、人和"[3]，无不是对于人的主观能动的强调，从这种意义上说，中国文化的现实原则来自于人的直觉和自省，并将这种人心的修养看作是把握世界、实现自我的最高形式的"理性"。这种现实原则以人的直觉把握和深切体验为基础、以模糊的综合定性描述为基本形式、以朴素的生命一体化信仰为核心，它重视体验的透彻和概念的宽泛、重视模糊笼统的整体思考和直觉把握的思维方式、重视通过自我的修养来调节心性、重视人与自然的和谐共生[4]。因此，中国传统文化的现实原则，是理性与感性交织的生命化的原则。

正是基于中国传统文化认识上对于人性的重视以及生命一体化的观念，使得传统观念中多富有仁爱宽厚和人文关怀的气息。对于风险问题的探讨，中国古人也更愿意凸显以"人"的视角去观察人、自然、事物间的关系，资源、势力的变化和流转，进而产生出"福祸相依"、"焉知非福"的古朴的辩证思维。

---

[1] 老子曰：道生一、一生二、二生三、三生万物。
　　炎黄曰：所谓道生一，即无极生太极；一生二，为太极生两仪；二生三，阴阳交感化合；天地相交，则万物育。由此形成了"先天地而后万物，万物盈天地之间，人居万物之中"这样一个生生不息的循环。三才者，在大而言，乃为天地人；天地之间，有万物，而人处万物之中，故曰天地人，古人常以三者并列探索世界的构成规律，从而也成就了中国文化中"天地人三才"之基本框架。

[2] 只有天下极端真诚的人才能充分发挥他的本性；能充分发挥他的本性，就能充分发挥众人的本性；能充分发挥众人的本性，就能充分发挥万物的本性；能充分发挥万物的本性，就可以帮助天地培育生命；能帮助大地培育生命，就可以与天、地并列为三了。

[3] 《孙膑兵法·月战》："天时、地利、人和，三者不得，虽胜有殃。"

[4] 吕品田. 中国民间美术观念[M]. 长沙：南美术出版社，2007：94.

## 无风险　不设计——设计风险管理

中国人的风险意识古已有之。从史书文献中的文字记载到人们耳熟能详、口口相传的古代成语和历史典故,体现出大量古人对于风险问题的关注,许多观点更是跨越历史的横亘,在延续数千年之后仍然能够在当下错综复杂的风险问题面前发挥重要作用。仅此一点就值得我们去梳理和体味古人在应对风险问题时的思想和智慧,以求从中获得更多的启迪。

古人的风险意识来源于对生活的细致观察,并用典型的事件作为对风险的描述。如先秦·韩非《韩非子·喻老》中所述:"千丈之堤,溃于蚁穴,以蝼蚁之穴溃;百尺之室,以突隙之烟焚。"警示人们任何细小的瑕疵和隐患,如不加以正视并消除,最终会酿成大祸。又如出自晋·韦謏《启谏冉闵》:"清诛屏降胡,以单于之号以防微杜渐"中的"防微杜渐",亦要求人们重视细小的偏差和失误,当发现微小的问题和不好的苗头时就应及时修正。可见,古人十分关注于事物的细节,小中见大、重视事物从量变到质变这一规律,而"勿以善小而不为,勿以恶小而为之"更是古人对"小事"给予重视的佐证。

中国古人从风险事件中总结出一套关于风险防范的基本策略,包括对于安全目标的制定,降低风险发生的可能性以及风险发生之后如何应对、避免同类风险的再次发生。汉·贾谊《治安策》中提到:"建久安之势,成长治之业,以承祖庙,以奉六亲,至孝也;以幸天下,以育群生,至仁也。"可见,"建久安之势,成长治之业"是保障"以承祖庙,以奉六亲,以幸天下,以育群生"这些内容的基础,是达到"至孝至仁"境界的前提,因此"长治久安"可被看作是最高的安全目标。《左传·襄公十一年》中书:"居安思危,思则有备,有备无患。"以及《诗经·豳风·鸱鸮》:"迨天之未阴雨,彻彼桑土,绸缪牖户"[1]都是告诫人们要有忧患意识,忧患意识能够唤起人们对潜在的危险展开预防和筹备,正是这种"居安思危"、"未雨绸缪",使人们提前准备好应对危机的策略和资源,当"危险"和"阴雨"来临时才能做到"有备无患"。而出自《战国策·楚策》中的:"见

---

[1] 原指鸱鸮在未雨前,急剥桑皮,拌以泥灰,修补窝巢。后喻事先预备,防患未然,常用此语。绸缪:紧密缠缚,引申为修缮。

兔而顾犬，未为晚也；亡羊而补牢，未为迟也。"告诫人们，当危机发生时，应即刻作出反应、及时改正错误，能够避免风险的蔓延和扩大，从而减少损失。《战国策·赵策》有曰："前事之不忘，后事之师。"则是提醒人们，当危机过去，要善于从之前的事件中总结经验和教训，指导之后的行事，从而避免类似的风险再度发生。

中国古人从生活的细节入手示意和阐述风险，从风险发生的事前和事后找寻应对方法，更秉承天地自然整体性和世间万物联系性的有机的宇宙观，本着"祸福相依"、"相生相克"[1]的古朴的辩证思维，从风险事件中各种要素间的关系着手，因势利导，则是古人传统风险观念中最为精华和超然的部分。《老子》有云："祸兮福之所倚，福兮祸之所伏"[2]寓意祸与福互相依存，可以互相转化，比喻坏事可以引出好的结局，好事也可以引出坏的结果。又有"塞翁失马，焉知非福"[3]，都指明了在一定条件下"祸"与"福"可以相互转化。因此，自古以来中国人对于风险和危机的认识都抱有乐观的态度，这种乐观并不盲目，而是真正认识到各种事物间都存在着相互流转的可能，只要人们顺着事情发展的趋势，向有利于实现目的方向加以引导，就可转"危"为"安"、化"危"为"机"。

中国传统的风险观念与西方强调经验的有效性和概念的精确性有所不同，而是重视体验的透彻和概念的宽泛，这种透彻和宽泛正如老子所云："有之以为利，无之以为用"[4]，这种辩证关系使得传统观念看似宽泛而实之概要，看似空洞

---

[1] 宋·释普济《五灯会元》卷四十六："便有五行金木，相生相克。"指金、木、水、火、土五种物质的互相生发以及互相克制的关系。后引申为一般物质之间的辩证关系。

[2] 《老子》第五十八章："祸兮福之所倚，福兮祸之所伏。孰知其极？其无正。正复为奇，善复为妖。人之谜，其日固久！"译文：灾祸之中有福运的倚靠；福运之中潜藏着灾祸。谁知道终极的结果？没有正解。合于法则的会翻转为出人意料，善行善举会变成邪恶不正。人们无法分辨，是长久以来的事情了。

[3] 《淮南子·人间训》，比喻一时虽然受到损失，也许反而因此得到好处，也指坏事在一定条件下可变为好事。

[4] 《老子·十一章》："三十幅共一毂，当其无，有车之用。埏埴以为器，当其无，有器之用。凿户牖以为室，当其无，有室之用。故有之以为利，无之以为用。"译：车轮上的三十辐条汇集到一个毂中，有了车毂中空的地方，才有车的作用。糅合陶土做成器具，有了器皿中空的地方，才有器皿的作用。开凿门窗建造房屋，有了门窗四壁中空的地方，才有房屋的作用。所以"有"给人便利，是因"无"发挥了它的作用。

而实之确凿。由此，中国人在对待风险问题时多了一份超脱于危机本身的乐观与豁达，却是不争的事实。

## 设计艺术理论与风险管理

风险管理的概念在20世纪30年代由宾夕法尼亚大学所罗门·萧伯纳（Solomon S. Huebner）博士率先提出，提出这一概念的背景是美国当时正遭受金融危机，为了有效应对金融危机的影响，美国的保险领域和部分大企业率先推行风险管理。因此，风险管理理论是一个诞生于近代的年轻理论，且诞生之初就伴随着浓重的经济色彩，其最初是服务于企业的，以保障经济安全和减少企业损失为使命的。反观设计艺术理论，其涵盖的范围更广、历史更悠久，如果将"造物"视为设计的目的，其设计思想能够追溯到数千年前。

在悠久的历史长河中，我国古代的工匠、手工艺人、文人和思想家们为我们留下了丰硕的历史遗存和宝贵的思想财富，通过梳理我国古代造物过程中的设计思想，可以窥见当时人们所持的思维方式和设计理念。连绵数千年而未曾间断过的中国文明的基础是同样连绵数千年而未曾间断的造物设计，其间凝结的造物设计思想，不仅指导了过去的造物设计，构筑了中华文明的基石，同样，也对当今的造物设计有着现实而有效的启示。从古代设计思想中获得启示，对于从多角度、纵深化地探索设计风险，帮助我们丰富对于设计风险的认知、应对当今诸多的现实问题大有裨益。

1. 天人合一

"天人合一"的思想观念最早是由庄子阐述，后被汉代思想家、阴阳家董仲舒发展为天人合一的哲学思想体系，并由此构建了中华传统文化的主体。季羡林先生对其解释为：天，就是大自然；人，就是人类；合，就是互相理解，结成友谊。东方先哲告诫我们，人类只是天地万物中的一个部分，人与自然是息息相通的一体。这一观点深入浅出地揭示了"天人合一"的基本要义，也因其易于理解而被广泛引用。

对于"天人合一"，解释纷纭，莫衷一是。作为一个哲学命题，已经有了丰富的阐述，儒家、禅宗、道家以及唯物论都以其各自的立场阐述了观点。由于阐述的多元性和语义的多重性使得"天人合一"这一观点深入人心，并具有广泛的适用性，不论是思想领域、文化领域或是生产领域，乃至人们的生老病死、衣食住行，都能被看作是"天人合一"的表现，以至于只要谈及中国的思想观念，必言"天人合一"。然而正是这种广泛性和虚无性使得"天人合一"难于被定义，但正是这种人人都在使用而人人都无法精确界定的事实背后，突显出这一哲学观念的巨大创造力和生命力，也因此成为解读中国造物设计的根本指针[1]。

"造物"，是取材于自然，施之以人工而改变其形态与性能的过程，因此，造物一方面涉及人们对于自然物的取舍，一方面涉及人们的生活态度。在人与自然的关系上，"天人合一"是我国秉承了数千年的最基本的哲学思想，这一思想是中国古代造物设计的基本立足点，其深刻影响着中国古人的造物活动、审美情趣、生活态度。对于当今世界，资源过度消耗、环境污染严重已经是人类面临的共同课题，东方先哲"天人合一"的思想被越来越多的西方学者和普通民众所接受，与自然和谐共处的观念也更加深入人心。

2. 重己役物，致用利人

对待器物不可玩物丧志，应注重人的本性和心志的修炼；器物的价值不在于精美而在于实用，给人带来便利。

"重己役物"是中国古人长久以来对待器物的基本观念，如《尚书·周书·旅獒》："不役耳目，百度惟真。玩人丧德，玩物丧志。"[2] 又如《庄子杂篇·天下》所提倡的："君子不为苛察，不以身假物。"、《庄子·天地》"不以物挫志"等。强调人作为使用工艺、创造器物的主体，作为器物的拥有者和使用者，不应被物品所异化而丧失自我心志，即"重己"；物是客体，器物的价值在于为使用者提供便利，而非器物本身，器物本应该为人所使用，即"役物"。这一观点与当今"以人为本"的设计思想颇有异曲同工之妙，在工业化大生产初期，人们一

---

[1] 邵琦等.中国古代设计思想史略[M].上海：上海书店出版社，2009：3.

[2] 邵琦等.中国古代设计思想史略[M].上海：上海书店出版社，2009：3.

面为机械化、高效率的生产模式欢呼,因为大批量生产使得产品售价低廉,而另一方面,人们发现机械化生产的商品千篇一律,外观丑陋、功能简陋、粗制滥造、缺乏人性,使得生活品质下降,是一种对生活方式的强迫。"以人为本"强调产品在设计阶段要充分考虑人的需求,从而更好地为人服务,而"重己役物"更强调人的自主性和心性的修炼,倡导心志坚定、趣味高雅。

"致用利人"则指出器物的价值在于有利于人,强调器物的功能性。《管子·王辅第十》中书:"古之良工,不劳其智巧以为玩好,是故无用之物,守法者不失。"即,古代的能工巧匠始终遵循着一个原则,不浪费才智去做一些只为玩乐而无实用的器物;战国时期的墨子也提出"利人乎,即为;不利人乎,即止"的观点,即于人有利的就做,于人没利的就不做[1]。由此可见,中国古人在创造器物时十分注重其功能性,关心器物是否能够于人有利,华而不实、"奇技淫巧"的器物始终未能成为当时社会的主流。这一观点与功能主义有所不同,"致用利人"强调功能实用,更强调于人有利,这种有利不是建立在封建王朝统治者个人的情趣好恶之上的,而是以最广泛的劳动人民为对象的有利。

3. 审曲面势,巧法自然

造物时要根据不同情况妥善运用材料,利用材料自身的特性,发挥材料最好的功用;材料取之于自然,遵循材料的自然属性,巧妙运用,尊重自然规律,和谐共生。

"审曲面势"指工匠做器物,要仔细观察曲直,根据不同情况处理和运用材料,也指察看地势、形势。"审曲面势"亦作"审曲面埶",《周礼.考工记序》:"或审曲面埶,以饬五材,以辨民器"。东汉经学大师郑玄(127—200)曰:"审曲面埶,审察五材曲直方面形埶之宜以治之及阴阳之面背是也"。后根据郑玄的注释,将"审曲面埶"引申为建筑物和自然环境的情势、外观、位置,如汉代张衡《东京赋》:"审曲面势,泝洛背河,左伊右瀍,西阻九阿"。清末朴学大师孙诒让(1848—1908)释义为:"审曲者,审其曲也。面埶者,面其埶也。材有曲直,直

---

[1] 杭间,郭秋慧.中国传统工艺[M].北京:五洲传播出版社,2006.

## 第四章 智慧——源远流长

者不待审而可知,审其曲者,然后见其理之所在。埶有向背,背者不可向以为用,面其埶然后顺其体之所向。"可见古人十分注重因材施工、物尽其用。

中国古人造物之才皆取之于自然,如《考工记》所述:"或审曲面埶,以饬五材","五材"在当时所指"金、木、土、石、革",工匠们正是通过"审曲面势",充分掌握材料的形状和性能,根据材料自身的特性施以人工制作器物的。在此基础上,更强调"巧法自然",遵循材料的自然属性,材料来源于自然、服务于大众,最终回归于自然,一切顺应于自然的规律;从自然界的形态中受到启发,师法自然。相传工匠鲁班(约公元前507—约前444),从带锯齿的叶子的形态得到启发,发明了锯子,诸葛亮(181—234)为在蜀道上运输粮草,发明了手推车——"木牛流马",是把机械和仿生形态相结合的设计[1](图4-1)。充分体现出中国古代造物思想中与自然为友、和谐共生、师法自然、天人合一的理念。

图4-1 "木牛流马"模型[2]

---

[1] 杭间,郭秋慧. 中国传统工艺 [M]. 北京:五洲传播出版社,2006.
[2] http://jztsc.51.net/ 荆州古战车坊.

4. 天地材工，各随其宜

造物需要充分考虑时间、地域、材料、工艺的因素，协调其间的关系，造出适宜的器物。

"天地材工"道出了造物过程中最基本的四种要素，《考工记》中记载："天有时，地有气，材有美，工有巧"，揭示了这四种要素的核心。衡量一件器物的好坏，要将器物置于一定的时空环境下，体察材料质地之美、工匠技艺之巧妙；在造物过程中同样要以合乎天时、地气，顺应材料质地之美，施以精湛技艺为前提，才能成就一件精美的器物。因此，套用当今"本土化"设计思想，可以将"天地材工"视为中国古人提出的最早的关于产品地缘时尚特征的论述。

明末清初著名文学家李渔（1610—1680），在《闲情偶寄》中谈及对于园林的营造时注有："虽由人作，宛自天开，巧于因借，精在体宜"，提出"精在合宜"。古代强调"宜"，按照秦李斯所著的《仓颉篇》对"宜"的释义为："宜：得其所也"，即将合适的行为、力量用在适合的场所。"各随其宜"表现出古人造物对于各种因素的考量，随机应变、灵活运用的智慧。

"天地材工，各随其宜"的造物思想，是在合适的时空环境下，充分考虑造物属地的文化、地理、气候、习俗等地缘因素，对质地精良的材料施以精湛的人工，制造出适宜的器物。这一思想体现着造物活动中客观科学的态度，是对不同文化和地域特征的尊重，是造物设计要符合客观需求的具体显现，更是使器物具备其独特性的本源。

5. 技以载道，文质彬彬

造物技巧与思想文化相互依存、不断传承；器物的形式与内容、装饰与功能要协调统一。

"技以载道"是中国古人对于技艺与思想、文化之间传承关系的一种论述。《易经》中记载："形而上者谓之道，形而下者谓之器"，古人认为"道器合一"，指出了形而上与形而下之间相互依存的关系；器物的形成仰赖于人工技艺，因此"技以载道"是"道器合一"思想的具体显现。而在漫长的历史过程中，对于"道"与"器"的轻重关系有其复杂性。春秋战国时期，造物思想和技艺空前发展,带来社会物质水平的提升,引发贵族阶层对于精美器物的贪恋和生活的奢靡,因此,诸子百家对于成就精美器物的"技"大多持一种抑制的态度,这一态度可视作基于维护社会统治的稳定而对腐朽风气的批判,在相当长一段时期内,重道轻器的思想流传甚广;而在民间,器物的精神性始终没有大过器物的实用性,器物所承载的"道"远没有"技"所带来的器物的品质来得更为重要。"技以载道"所体现的是,不可言说的"道"左右着可感知的"技",思想理论指导着造物的工艺和技巧;另一方面,"技"的高超以及由"技"所成就的器物蕴含着"道",工艺技巧和精美的器物传承着思想观念和文化内涵。

"文质彬彬"体现出古人对于事物要求表里如一的思想观念。"文"同"纹",即纹理,进而引申为表象、外表;"质"即质地,引申为里、内心;彬彬谓之配合适宜。《论语·雍也》中指出:"质胜文则野,文胜质则史,文质彬彬,然后君子",即内心胜过外表则显得粗野,外表胜过内心则流于浮华,只有内心和外表相适宜,才能成为君子。"文质彬彬"是古人基于认识事物的经验的总结,事物的外在和内在特征构成了事物的整体形态,因此古人认为无论是成为"君子"还是成就"器物",都应该做到外表与内在的和谐统一,这符合人们认识事物的一般规律。"文质彬彬"在造物思想中体现为,要求器物的形式与内容、装饰与功能协调统一。

我国古代的设计思想内容丰富而又高度概括,提炼出造物过程中最精髓的影响因素,从宏观上界定了人、自然、材料、技艺、器物、思想之间的关系,并指引人们怀着与自然谐和共生的观念,认定和修炼自身心志,去创造和使用器物,使得器物有利于人;尊重自然、效法自然、巧妙合理地运用自然界的材料;注重时空、材料、工艺的因素,因材施工、因地制宜;强调技巧与思想的相互促进与传承、器物形式与功能的协调与统一。这些宝贵的思想财富跨越了历史的横亘,对当今设计仍具有非凡的指导意义,更可进一步提炼出对于产品创新过程中设计目标风险的应对思路和方法(表4-1)。中国古人的造物思想缔造了丰厚历史遗存和高尚的物质文明,同时也是厚重的中华思想文化中最为重要的组成部分。

设计目标风险应对思路简表　　　　　　　　　　　　　　表 4-1

| 产品创新设计目标风险 | 中国古代造物思想 | | |
|---|---|---|---|
| 分类 | 应对思路 | | |
| 技术目标风险 | 审曲面势，巧法自然 | 天地材工，各随其宜 | 技以载道，文质彬彬 |
| 艺术目标风险 | 审曲面势，巧法自然 | 技以载道，文质彬彬 | |
| 功能目标风险 | 重己役物，致用利人 | 技以载道，文质彬彬 | |
| 市场目标风险 | 重己役物，致用利人 | 天地材工，各随其宜 | |
| 经济目标风险 | 天地材工，各随其宜 | | |

# 第四章 智慧——源远流长

## 今人这样办——现代风险管理

### 管理学中的风险管理

1. 风险管理的发展历程

风险管理最早起源于美国。为了应对20世纪30年代的世界性经济危机，美国管理协会保险部、保险经纪人协会以及少数大型企业开始倡导和实行风险管理，当时相关领域的研究和探讨仅在小范围内开展。在50年代，由于通用汽车公司变速箱厂火灾和一系列偶发事件带来的重大损失，高层决策者开始认识到风险管理的重要性，其管理的方法被越来越多的企业所采用，风险管理逐步发展成为一门新兴的管理科学和一种现代化的管理手段。70年代，随着企业所面临的风险问题越发多样化，法国和日本开始引入风险管理理论并深入研究。80年代，风险管理的发展进入了一个新的阶段，1983年在美国举办的风险和保险管理协会年会上，与会各国风险管理专家共同签署了《101条风险管理准则》，内容涉及风险管理的一般准则、风险识别与测度、风险控制等指导风险管理理论发展的核心问题。同在80年代，以旅美华人段开龄博士为代表的学者将风险管理和安全系统工程理论引入我国，自此开始了我国内地对于风险管理的相关研究。进入90年代，随着证券业的兴起，"风险证券化"作为一种新的风险管理手段被提出。

时至今日，风险管理被定义为一门管理科学，同时被定义为一种决策过程，其逐步发展为经营管理型风险管理和保险型风险管理两大类别，其管理手段也在不断发展更新。风险管理已经成为现代企业管理中不可或缺的重要组成部分，在围绕企业的经营和发展目标方面，风险管理和企业的经营管理、战略管理一样具有十分重要的意义，对企业产品创新过程中有效规避风险起着积极的指导作用。

2. 风险管理的概念

风险管理的概念在20世纪30年代由宾夕法尼亚大学所罗门·萧伯纳（Solomon S. Huebner）博士率先提出，认为风险管理是在对风险的不确定性和可

## 无风险　不设计——设计风险管理

能性因素进行考查、预测、收集分析的基础上，以最经济合理的方法制定出包括识别风险、衡量风险、积极管理风险、有效处置风险及其妥善处理风险所造成的损失等问题的一整套科学系统的管理方法[1]。随着时代的发展，风险管理的内涵不断扩充和深化，因此要全面地阐述风险管理的概念，务必从风险管理的含义入手。

首先，风险管理作为一门新兴的管理科学，具备管理的计划、组织、协调、指挥和控制职能，与企业的战略管理、经营管理一道成为企业管理的核心内容。其次，风险管理是一种科学的决策过程，通过对风险进行识别、衡量、评价从而了解风险状况，进而选择相应的管理技术解决风险问题，包括控制风险的发生和处置风险带来的损失；风险管理的主体是经济单位，基于企业单位的成本收益原则，其目的是要以最小的成本获得最大的安全保障，并以此作为风险管理行为的评价和控制标准。

因此，风险管理的概念可归纳为：是各种类型的经济单位通过识别风险、衡量风险、评价风险等方式获取风险信息，通过优化组合管理技术，对风险加以有效控制并妥善处置风险所致损失，以最小成本获得最大安全保障，从而保证企业经营发展目标得以实现的管理过程，是一种研究风险发生规律和风险控制技术的管理科学。

3. 风险管理的目标

任何一项企业管理行为都涉及管理成本，即企业为管理行为所付出的人力、财力、物力等成本，基于企业成本效益原则——投入不得大于产出，因此，风险管理的基本目标是以最低的风险管理成本获得最优的风险管理效果，即使企业获得最大的安全保障，表现在将风险带来的预期损失减少到最低限度和实际损失能够得到最大限度的补偿。各种经济单位可按实际情况制定具体的风险管理目标，具体目标可概括为损前目标和损后目标。

损前目标是指在风险给企业带来实际损失之前，风险管理应达到的目标，制

---

[1] 王凯全. 风险管理与保险 [M]. 北京：机械工业出版社，2008：13.

定损前目标的目的在于将风险发生的概率维持在最低水平以及当风险发生时能够有效加以控制。损前目标通常包括：①经济合理目标，即要求企业的各项支出维持在最经济、合理的范围内，尽量减少不必要的开支和损失，从而保证企业在资金上的危机处理能力；②安全系数目标，即将风险预期带来的损失控制在企业可承受的范围内，通常将预期损失折算为成本，使企业人员既具备风险意识又不致因过度忧虑而影响决策者的决策水平；③社会责任目标，企业必须在风险发生之前充分考虑其社会责任，以免出现因风险社会化而造成波及范围更大的损失。

损后目标是指在风险给企业带来实际损失之后，风险管理应达到的目标，制定损后目标的目的在于使企业遭受损失后尽快恢复到原有水平。损后目标通常包括：①继续生存目标，风险带来的最严重后果即是威胁企业的生存，因此保证企业继续生存是损失发生后的首要目标，应对危及企业生存的因素予以重点保障，如管理格局、生产秩序、市场供应、资金链条等；②持续经营目标，企业经营的暂时中断虽并不一定导致企业破产，但会对企业的资金收益、人员构成、品牌形象带来重大的负面影响，以至于企业处于十分被动的境地、丧失发展机会，因而要求针对重点环节制定风险预案，保证企业能够持续经营；③稳定收益目标，要求企业重点保障盈利项目，稳定的资金收益为企业快速摆脱风险影响提供了资金保证，同时能够起到稳定企业人心和提振投资者信心的作用；④持续增长目标，现代企业必须不断发展以应对日趋激烈的竞争环境，风险带来的损失加剧了企业发展的难度，因而要求企业对发展项目合理布局、实现持续平稳增长；⑤社会责任目标，与损前目标中的社会责任目标一样，要求企业将风险的负面影响控制在尽可能小的范围内，避免波及更广泛的社会领域，同时强调当企业风险损失给社会带来影响时要尽最大可能给予弥补，应勇于承担社会责任、树立品牌形象。

企业风险管理正是基于损前目标和损后目标中各具体目标的制定，构成完整而系统的风险管理目标。

4. 风险管理的基本程序

风险管理的一般程序是按照风险识别、风险估测、风险评价、选择运用风险管理方式和风险管理效果评价依次进行的。

## 无风险　不设计——设计风险管理

风险的识别是风险管理的首要环节，是对企业面临的以及潜在的风险加以判断、归类和鉴定风险性质的过程[1]。只有在全面了解各种风险的基础上，才能够预测风险可能造成的危害，从而选择处理风险的有效手段。常见的风险识别方法主要有以下三种：①生产流程分析法，即通过对企业生产流程进行全面分析，找出各个环节所面临的风险并分析得出造成风险的因素，通常会采用列举法来逐一描述风险和风险的因素，以及用流程图法将企业生产流程图表化，便于发现风险、定位风险、截留风险；②财务报表分析法，通过对企业的资产负债、损益情况、经营业绩等财务相关的报表进行分析，从而识别和发现企业在资金债务等方面的潜在风险；③保险调查法，通过对保险公司保险险种的调查，可以发现企业主要面临的风险有哪些种类以及哪些风险种类在可投保范围内，或者聘请专门的保险咨询机构为企业查找潜在风险、量身定制保险方案。这一过程是降低风险定性的过程。

风险估测是在风险识别的基础上，运用概率、数理统计等科学方法将所掌握的资料进行分析研究，得出风险发生的概率以及风险的强度/预期的损失程度，风险估测的数据是风险决策和选择风险管理手段的重要科学依据。这一过程是将风险定量的过程。

风险评价基于风险识别的定性研究和风险估测的定量研究，综合其他因素得出风险发生的可能性和危害程度，确定风险危害的等级，通过参照行业内公认的风险概率和损失程度，权衡风险管理的成本与收益，决定是否采取风险管理措施以及选择何种措施。这一过程是风险管理的决策过程。

选择、运用风险管理方式是管理措施具体实施并产生效果的过程。风险管理办法大体上可分为控制型和财务型两类：①控制型风险管理的主要目的是降低风险发生的频率、减小损失程度，其重点在于通过改变容易诱发风险的各种条件从而避免风险产生；②财务型风险管理则主要是通过建立基金、投保、借助风险投资等方式达到消化或转移风险损失的目的。企业可根据自身实际情况选择

---

[1] 王凯全.风险管理与保险[M].北京：机械工业出版社，2008：13.

合理的风险管理办法,从实际情况来看,由于财务型风险管理所涉及的管理办法通常对企业实力、资金规模有较高的要求,因此广大的中小型企业往往迫于生产能力弱、技术水平低、资金规模小等压力,而更多地注重控制型风险管理。

风险管理效果评价,是对所实施的风险管理方式的技术适用性及其收益进行分析、总结和修正的过程。根据企业成本效益原则,风险管理效益的大小取决于风险管理成本和挽回损失之间的比值,在总结风险管理方式的可操作性和有效性的同时,还要注重企业实际,细化和修正管理措施。

5. 风险管理的方式

风险管理通常采用的管理方式有风险避免、风险预防、风险抑制、风险自留和风险转移,前三种属于控制型管理方式,后两种属于财务型管理方式。

(1) 风险避免,即设法完全回避损失发生的可能,这种风险管理技巧通常在企业面对特定的、发生频率高、强度大的风险时使用,目的是从根本上消除特定风险的产生。如企业为了避免损失而不涉足高风险行业,然而高风险往往意味着高回报、挑战与机遇并存,因此这种为了完全避免损失发生而放弃某些发展机会的做法是消极而有限的。

(2) 风险预防,是通过消除和减少诱发风险产生的因素,从而达到降低风险概率的目的,这种管理技巧通常用来应对发生频率高、强度小的风险。企业通过对业务流程的梳理,运用图表法和列举法找出业务流程中诱发风险产生的因素,进而通过加强人员管理、提高业务技能、优化生产流程等方式消除或减少诱发风险的因素。

(3) 风险抑制,是指当风险发生时或发生之后,为了减小损失幅度而采取的各种措施。风险抑制是一种切实可行的风险管理技巧,往往用于应对企业无法避免的、强度较大的风险类型。如企业事先制订应急预案,当风险发生时可以有条不紊地切实推进,再如将风险单位分割成相对独立的单元,也能有效避免损失的扩大。

(4) 风险自留,是指企业单位自行承担风险损失,一般用于应对发生频率低、强度较小的风险,因风险产生的损失较小,不至于影响企业的财务稳定和正常经营活动,因此无须采用其他高成本的风险管理办法。如将小额损失纳入生产经营成本,当损失发生时可用企业收益补偿,或者通过建立基金和成立自保部门的方法加以应对。

(5)风险转移,是指企业单位或个人为了避免风险损失,有意识地将风险损失全部或部分转移给另一单位或个人。在实际操作中,企业会根据风险的类型和风险损失的大小,将不可回避的、损失额度大的风险尽可能转移,将不能转移、损失额度小的风险自留。风险转移通常的做法有保险转移和非保险转移:企业通过对特定风险投保,向保险公司支付保费,当风险发生时由保险公司补偿企业损失;或企业将具有风险的生产经营活动外包,通过在合同中明确风险损失由承包方承担,从而达到风险转移的目的。

## 现代设计思想的风险启示

限于篇幅,在此仅选取较有代表性的我国现代设计思想,以及具有针对性的国外设计思想加以论述。

1. 国内现代设计思想

原广州美院副院长、博士生导师尹定邦教授早在1998年就出版了专著《设计目标论》,该书全面系统地阐述了现代设计的来源,界定了设计与艺术、功能、科技、经济之间的关系,重点阐述了设计目标论。设计目标论的根本立意是设计应该拟定自己的目标——"目标指引着设计实践的思路和方向,简单的设计要求拟定相对简单的目标,复杂的设计则需要通过艰苦的劳动和严格的程序去拟定科学的、系统的、先进的、完整的、有个性、有重点又切实可行的目标"[1]。

基于这一理论出发点,设计目标论从技术、艺术、功能、经济、市场五大方面展开对于设计目标如何建立、实施的相关论述。①技术目标:在设计目标论中,将设计的技术目标定位在影响产品技术功能的产品技术目标、确保产品质量的生产技术目标、影响设计质量与效率的设计技术目标。强调设计委托方掌握着产品竞争战略的主导权,在产品技术目标的制定上占有主导地位,设计承

---

[1] 尹定邦. 设计目标论 [M]. 广州:暨南大学出版社,1998:80.

接方处于从属地位。②艺术目标：设计的艺术目标是将设计的艺术形式和技术形式完美结合，达到其艺术功能。提出设计艺术目标具有无法量化和感性的特征，是设计的委托方与承接方在整个设计过程中最为棘手、矛盾最为尖锐的部分，强调双方达成一致意见的重要性和迫切性。③功能目标：设计目标论提出，产品的核心价值取决于产品的功能，产品的核心设计是功能设计，产品设计的核心目标是功能目标。强调达成功能目标的前提是设计方案便于生产、利于销售和满足消费。④经济目标：设计的经济目标是对设计成果效益的预期。强调成本控制和盈利模式对于实现设计的经济目标的重要性。⑤市场目标：设计的市场目标是建立设计的技术、艺术、功能、经济目标的依据，只有明确的市场目标才能使上述各目标有的放矢。强调设计的市场目标应当被最先确立并贯穿设计的全过程。

设计目标论将设计目标分解为：技术目标、艺术目标、功能目标、经济目标、市场目标，分别从设计的委托方和设计承接方两个角度细致地描述了现代设计过程中，基于目标实现的各种因素的综合、求实与协调，并依托大量的实际案例和图表生动地再现了这一过程，为设计实践和设计理论研究提供了很好的借鉴范本。同时，为产品创新过程中如何设定科学合理的设计目标，从而有效规避设计的目标风险提供了方法指引。

清华大学美术学院博士生导师柳冠中教授在2006年编著了《事理学论纲》一书，该书既包括形而上的、方法论层次的理论思考，对设计历史、设计文明以及中国传统造物文化脉络的梳理，也包括经验层面的系统总结。柳冠中教授的"设计事理学"是另一较有代表性的我国现代设计思想。

设计事理学主张以"事"作为设计的思考和研究的起点，从生活中观察、发现问题，进而分析、归纳、判断事物的本质，提出系统的解决问题的概念、方案、方法及组织和管理机制；强调从"事理学"的角度出发来理解和进行设计，实现从设计"物"到设计"事"的转变，这种转变将摆脱以往设计单纯对于"物"的探讨和改良——被动地迎合需求、满足需求，而是直接对"事"展开研究，通过对"时间流"、"空间场"、风俗习惯、行为模式、信息交流的考察，解析需求产生的原因和需求的本质，获得设计的主动性和"祈使性"，从而诞生超前的、"一矢中的"的、适用的且足以引领人们朝着更"合理"的生活方式迈进的创造性的设计。

设计事理学强调注重"事"而非"物",注重需求目标系统而非产品功能,注重"物"的外部因素而非内部因素,注重整体而非局部,注重结构关系而非具体元素,注重过程而非状态,注重祈使而非叙述,注重理解而非解释,注重设计与需求的"主体间性"[1],"超乎象外,得其圜中"[2]。讲求设计要实事求是、合乎情理,通过"实事"发现和定义问题,抱着"求是"的态度解决问题,用"事"来构建检验设计好坏的评价体系,把结果放置到具体的"事情"中考察是否"实事求是",在"行事"的过程中考察设计是否"合乎情理"。

设计事理学跳出了以往设计对于"形式"的过分关注,将"形式供应"这一片面的、浅薄的设计认识彻底摒弃,从人、事、物之间的关系入手,强调设计的目的在于"成事"而非单纯的"造物";将检验设计好坏的评价标准建立在"实事求是"、"合情合理"之上,摆脱了以往局限的、狭隘的从审美和经济利益角度出发的评判标准。设计事理学为设计实践和理论研究提供了一套新的思路和方法论,从宏观上指出了设计的未来发展之路,为避免因设计思想的误区从而带来更深远的风影响提供了准绳。

2. 国外设计风险相关研究

通过检索发现,英国著名管理学家 Mike Clayton 阐述了关于设计风险评估的相关认识(2003)。他认为,设计风险评估是确定设计过程中存在的潜在风险的活动,这个设计过程包括概念设计和细节设计过程。设计风险评估不仅仅评估设计产品的"临界质量"[3],除了"临界质量"以外,还要求减少各种可能发生

---

[1] "主体间性"由法国精神分析学家雅克·拉康(JacquesLacan, 1901—1981)所提出。他认为,主体是由其自身存在结构中的"他性"界定的,这种主体中的他性就是主体间性。

[2] "超乎象外,得其圜中"出自唐·司空图《诗品·雄浑》:"超以象外,得其环中。"指超脱于物象之外,而得其精髓。

[3] "临界质量"(critical mass)原指在一定的材料组成和几何布置下,系统达到临界所需易裂变物质的最小质量。后引申为知识技术积累到一定的临界点,新技术就会像裂变反应一样爆发,并剧烈扩展。在此是指产品实际质量与目标质量之间的相对关系,临界质量关系到优于或劣于目标质量。

的失效，同时降低由于失效带来的后果影响。这项工作需要在设计可靠性方面通过严谨的、系统的检查，从而及早发现并控制住系统层次的风险。

英国伯明翰城市大学的 Robert N Jerrard 以及凯恩斯公立大学的 Nick Barnes 和 Adele Reid 在《小型创意公司新产品开发中的设计风险》(2008) 一文中对于设计过程中风险的产生和传递过程有详细的研究。研究指出，创造力和风险是如影随形、紧密相伴的，然而在公司构架内，设计师所担当的角色并不十分突出，因此设计师对于设计所产生的风险没有足够认知。当一项带有风险的设计内容传递到决策者环节时，由于决策者对于设计缺乏专业的评判，从而作出错误的决策，因此设计的风险得以延续并最终转化为新产品开发的失败。而过于强调风险的控制往往可能压制创造性，因此对于风险的评估及分级机制可能有效化解这一矛盾，对于特定的设计项目可以采取"Risk-taking in Design"，即"冒险的设计"。

### 它山之石——风险传导理论

风险传导理论是基于风险管理在风险识别、估测、评价、决策、控制方面的完整的理论体系之上的新兴理论。与传统风险管理理论相比，该理论与现代企业所面临的实际问题结合更紧密，所提供的管理方法和手段的时代性更强。尤其是该理论的核心观点——风险具有传导性、方向性、动态性、耦合性以及该理论对于风险的解构和基于风险传导特性的管理方法，特别适用于具有明显结构层次和流程次序的企业行为和社会事件。正所谓"它山之石，可以攻玉"，该理论对于产品创新设计这一流程性极强的企业行为具有极高的借鉴价值。

1. 风险传导的理论基础

风险传导理论是建立在风险管理理论研究基础之上的，风险管理已经形成了一套完整的理论体系，为风险传导理论的建立和完善提供了重要的理论基石。通过对风险传导理论相关研究的调研发现，多米诺骨牌理论（Heinrich's Domino Theory）与能量释放理论（Energy Release Theory）是构建风险传导理论最重要的理论基础。

多米诺骨牌理论又称海因里希因果连锁理论，是由美国安全工程师海因里希（W. H. Heinrich）在1931年提出的。他在其所著的《工业事故预防》一书中，阐述了工业安全的相关内容，他借用多米诺骨牌的传递效应以阐明导致伤亡事故发生的各种原因及其之间的关系。该理论认为，伤亡事故的发生不是一个孤立的事件，尽管伤害可能在某瞬间突然发生，却是一系列事件相继发生的结果。他将事故发生的环节和顺序总结为：系统和社会环境、导致人地过错、产生伴随机械和物理伤害的不安全行为、事故发生、造成危险或损失。该理论指出，只要将上述环节中的中间环节——伴随机械和物理伤害的不安全行为（人为因素）去除，就像将骨牌中的一块抽出，便可防止后续的骨牌倒塌，避免风险的发生。该理论强调避免人的错误行为、强调人为因素在风险发生中的地位。自该理论提出以来，被广泛应用于安全生产领域以及金融、证券、保险等行业中。

能量释放理论或称能量破坏性释放理论，是由美国公路安全保险学会会长哈顿（William Haddon）博士在20世纪70年代提出的。该理论提出的是一种根据事故原因对风险控制技术进行分类的方法，强调对机械货物等物质因素的管理，从而创造一个更加安全的物质环境。该理论将造成风险事故的因素总结为：①管理因素，包括与安全有关的管理目标、人员的录用与培训、安全标准的制定等；②人的因素，包括人的动机、能力、知识、风险意识、对待工作的态度、体力及智力状态等；③环境因素，包括工作环境中的温度、湿度、照度和通风等；④机械因素，包括机械的安全性能等。与多米诺骨牌理论不同的是，能量释放理论提出了对环境和机械因素的控制，而不局限于对人为过错的控制。该理论目前主要应用于社会科学领域的风险分析和风险管理，特别是在系统化建立灾害的监测、预防、控制以及应对策略体系中具有重要地位。

2. 风险传导理论的借鉴意义

（1）设计风险理论研究的重要性

我们必须清醒地认识到风险是无处不在的，不论是自然因素，还是人为因素所造成的实际与预期的偏差，其带来的损失时刻在发生。研究风险问题的意义在于通过有效地识别风险、解析风险，使风险可控、规避或减少损失、保障

## 第四章 智慧——源远流长

预期目标的达成。正是基于这种广泛而现实的经济、社会价值，企业界与学术界从不同的角度对风险问题加以研究。从设计的视角研究风险问题具有积极的指导意义，这是由设计的客观地位所决定的。

首先，自工业化大生产开始，设计与现代生产模式空前紧密地结合起来。现代意义的设计作为一种"有目的的创作行为"——为了达到某一特定目的，从构思到建立一个切实可行的实施方案，并且用明确手段表示的系列行为，与企业产品创新的过程本身高度契合，现代设计与现代型企业的产品创新密不可分、相辅相成。企业是构成经济体的基本单元，其通过提供产品或服务满足社会需求，现代企业依托产品创新获得不断发展前进的动力，而设计正是透过企业产品创新成果体现出对社会、经济、文化的巨大推动作用。

其次，设计从来不曾像今天这样深入人心，不论是从发达国家著名企业的"明星商品"，还是到发展中国家解决民众基本生活需求的保障用品，设计的优劣不仅关乎企业的竞争力，更直接影响到普通消费者的生活质量，甚至是消费和行为模式。从更高层次来看，设计已不局限于一个具体的专业范畴，已经不只是企业谋求自身发展和创造效益的手段，现代设计已经逐步演变成为一种指导行为模式的方法论，上升到以"承载人类理想与道德的重任，创造人类健康、合理的生存方式"的新阶段，成为构建人—社会—环境之间协调发展的新机制[1]。

因此，不论是从经济效益，还是从社会效益来看，设计的推动力量都在逐步增强，其自身价值也越来越凸显。以往对于设计理论的研究多注重于方法的构建和规律的摸索，在认清设计的巨大推动力和显著价值的今天，更应当加强对于设计风险的研究，这有助于使设计沿着良性轨道真正发挥其正面而积极的推动作用。同时，设计学科作为一门交叉、边缘学科，在学科交叉融合的大趋势下，设计的风险研究有必要汲取其他学科，尤其是管理学科的优势理论。对于风险管理理论的借鉴不仅要着眼于对风险的识别、量化和控制方法，更应该结合设计理论自身特点，即设计中创造环节的激励和引导因素，不可一味地压

---

[1] 柳冠中. 设计是人类的未来不被毁灭的"第三种智慧". 2010年绿色设计国际学术研讨会，株洲.

制导致风险产生的各种条件,削足适履、因噎废食,而是通过借鉴相关理论构建出一个有利于持续、稳定激发创造力,尽可能减少风险发生并实现风险可控的理论方法体系。

(2)借鉴风险传导理论的出发点

设计是一种"有目的的创作行为",是由单位(个人)分工协作,并按照一定的流程顺序进行的;企业产品创新是企业经营活动中至关重要的一环,是由企业的若干部门结合外部资源、环境,按照一定的步骤进行的。从设计和企业产品创新两方面看,都需要若干部门(人员)分工协作,需要按照一定的流程顺序开展作业,需要调动内外部资源;两者都具有风险的诱发因素多、上下游环节联系紧密、其损失具有一定的危害性等特点。当设计运用于企业产品创新时,设计的作业流程就与企业产品创新过程高度结合,在此,设计已经不是广义上"大设计"的概念,而是实际服务于企业产品创新的一种方式方法,需要符合企业经营活动的规范和原则,因此无论是从理论借鉴,还是从企业实际需求的角度,企业产品创新设计都需要理解和借鉴企业管理的理论方法和实际操作,这是借鉴风险管理理论的基本出发点。

(3)风险传导理论的先进性与局限性

风险传导理论是基于风险管理完整的理论体系之上的新兴理论,同时继承了经典风险传导理论的理论优势:如多米诺骨牌理论的风险量化模型和成熟的量化分析方法,结构精巧、逻辑严密,对于处置具有显著的风险特征和风险因素具备客观规律性的风险事件,其效果得到了长期的实际验证;再如能量释放理论的风险损益排序方法,风险分析过程简单,风险对策具有广泛的适用性等。与经典的风险管理理论相比,新兴的风险传导理论将风险诱发到风险带来损失的全过程,分解为风险传导的促动机制、风险因子、风险载体、风险流、风险路径和风险阈值,从而构建出一个更加明晰的风险传导机理框架,同时更具时代性,与现代企业所面临的风险问题结合度更高,面对风险所采用的应对策略也更加多元。

对于设计风险的研究,现有的设计理论尚缺乏足够的理论支撑。从设计风险研究的角度来看，风险传导理论的先进性体现在其对于企业风险管理研究的深入和全面，无论是经典的风险管理理论，还是新兴的风险传导理论，都已经构建出一套相对完整的理论体系。而设计风险的特殊性在于，风险因素与设计的创造性活动相结合，与创新机制、设计理念和具体的设计手法息息相关，其不确定因素与以往企业所面临的资金、物流、人员等可定性、定量的风险因素相比更加难以界定和控制。因此，管理学中的风险传导理论并不能生搬硬套地直接用于解决设计风险问题，从事设计风险管理或研究需要同时掌握设计专业知识和风险管理理论，这对从事者提出了更加具体而苛刻的要求，从客观上限制了风险传导理论和方法在具体专业领域的应用，而这也正是借鉴风险传导理论建立设计风险相关理论的动因。

## 基于风险传导理论的解决之道

### 设计风险传导中的风险评价指标体系

要做到识别设计风险传导的发生、判断风险的类别，从而展开早期预警，对风险大小进行测度，从而采取相应的风险控制策略，就必须建立设计风险评价指标体系，识别风险评价指标的变量，达到风险测度、风险控制的目的。设计风险评价指标体系，是一系列相互联系的、能够敏感反应企业产品创新设计风险及风险传导情况的指标所构成的有机整体。

1. 设计风险评价指标选取的原则

设计风险评价指标的选取，直接关系到评价指标体系的科学性和完整性，直接影响风险评价效果，关乎设计风险的控制和决策水平。因此，设计风险评价指标的选取遵循以下原则。

（1）系统、综合原则

设计风险传导的成因复杂，单个因素可能影响设计活动多个环节，而一项设计风险传导的发生又来自若干个风险因素的影响，风险因素之间相互影响、作用，构成一个复杂联动的整体。因此，设计风险评价指标需要涵盖企业产品创新设计流程中各个环节、企业内外部环境中的各要素，将上述评价指标按层次、按结构划分，从而构成系统、全面的评价指标体系。

（2）代表性原则

评价指标越多、越细致，则评价指标体系越庞杂，评价和判断的过程就越长，投入的精力就越多；而评价指标越少、越粗略，则评价指标体系越简单，势必影响风险评价的精确度，无法全面准确地反应风险。即要求设计风险评价指标体系力求完备、避免重叠、繁简适当。

（3）可行、可靠原则

风险评价体系的可行性、可靠性，很大程度体现在评价指标的可采集性上，为了获得更全面、准确的判断，往往选择尽可能多的评价指标，这给指标的量化和评价工作增加了难度，降低了可行性和可靠性，因此，主张借用企业内外部既定的、现有的各种统计数据，其他需要补充的指标也应是可确定的、易于采集的。

（4）定性、定量相结合原则

在各种设计风险评价指标中，既有可以用数据来量化的评价指标，如资金流量、人员规模/构成、设计周期、产品各类技术指标、生产量等，也有无法被量化的评价指标，如产品设计的审美品位、造型风格、舒适感受、信息传达、情绪影响等，只能定性地加以阐述。不论是定性还是定量，对于评价体系的完整性和准确性都同等重要，需要做到定性、定量相结合。

（5）可比、一致原则

企业产品创新设计的风险评价指标，只有在与同行企业的同一指标对比中，才能判断其所面临风险程度在行业中的相对大小；只有在与该企业不同发展时期的同一指标对比中，才能判断其面临风险的强度和变化趋势。因此，评价指标应尽量选取行业公认的标准，以保证其普遍性、一致性和可比性。

（6）可预测性原则

建立设计风险评价指标体系，其目的在于早期发现风险、衡量风险大小，使企业能够采取相应的风险应对策略，保障产品创新设计的效果。如果该评价指标体系无法做到早期预警，仅是在风险发生之后用以判断风险程度，则失去了主动性，使得风险评价的价值大打折扣。因此需要强调其可预测性，有利于企业从事前、事中和事后对设计风险传导进行全面的风险管理。

2. 设计风险评价指标体系层次及框架

按照设计风险评价指标选取的若干原则，在构建评价指标体系时，需要将评价指标划分为不同层级，按照由一般到具体、由粗略到精细的层次结构排列，从而获得系统、综合的评价指标体系。

在本文中，将设计风险评价指标分为三层次，即目标层、子目标层和具体目标层，它们所包含的具体内容依次是一级指标、二级指标和三级指标（图4-2）。

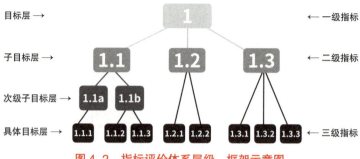

图 4-2　指标评价体系层级、框架示意图

（1）目标层

表示该评价指标体系的总目标，居于指标体系结构的最高层，相对应的内容是一级指标，即反映产品设计风险传导中核心要素的性质和状态，如设计风险源风险状态、设计风险载体承载能力、设计风险传导路径风险传导能力、设计风险接受体抗风险能力。

（2）子目标层、次级子目标层

子目标及次级子目标层，居于评价指标体系结构的中间，是总体目标的分解和细化，其内容是二级指标，反应的是造成产品设计风险传导核心要素发生变化的若干因素的性态。在某些情况下子目标层可进一步细化到次级子目标层，以便有所侧重地反应和描述某一特定风险要素的性态。但仍需要依照"代表性原则"，避免层次过多而造成重点不突出，影响评价效率和效果。

（3）具体目标层

具体目标层居于评价指标体系的底层，是最小的目标单位，其内容是三级指标，反应的是影响产品设计风险传导各项指标的最细节因素。与二级和一级指标不同，在三级指标中要着重选取可量化的指标，通过数值来精确反应其阶段性变化，是二级或一级指标中定性指标成立的基础。

3. 设计风险评价指标体系的确定

通过对核心要素性态的评价，从而早期发现设计风险传导的形成、判断设计风险传导的动向、有利于采取相应的风险控制策略。

（1）企业产品创新设计风险源风险状态评价指标体系（表4-2）

设计风险源的风险状态，受到设计风险传导促动机制的影响，它所反映的是风险源中的风险因子在企业内外部因素影响下所产生的变化，当这种变化激烈到一定程度时，风险因子就会与风险载体结合，沿着风险路径开始传递。因此，该评价体系是设计风险传导早期预警的关键，有利于企业采取"控制风险源"的风险控制办法。

**企业产品创新设计风险源风险状态评价指标体系** 表 4-2

| 一级指标 | 二级指标 | 三级指标 |
| --- | --- | --- |
| 设计风险源风险状态 | 企业外部 风险影响因素状态 | 区域整体经济形势变化 |
| | | 区域政策法规的变化 |
| | | 区域自然条件及物产资源变化 |
| | | 区域劳动力构成及劳动力成本变化 |
| | | 客户及其他利益相关者诉求的变化 |
| | | 主要竞争对手经营策略的变化 |
| | 企业内部 风险影响因素状态 | 企业经营理念的变化 |
| | | 企业资金规模的变化 |
| | | 企业技术实力及设备工艺的变化 |
| | | 企业部门设置的变化 |
| | 设计组织自身 风险影响因素状态 | 设计组织人员数量、结构的变化 |
| | | 设计组织业务流程的变化 |
| | | 设计组织业务质量的变化 |

（2）企业产品创新设计风险载体风险携带能力评价指标体系（表4-3）

设计风险传导载体是风险因子传递的"承载工具"，而这种"承载工具"又有物质载体、非物质载体的划分，可细化到人员、设备、资金；信息、技术、理念，不同的风险"承载工具"其携带风险的方式和能力也不尽相同。风险携带能力越强，越容易与风险因子相结合、所能包含的风险总量越多、可能造成的风险损失越大；携带能力越弱，越不易与风险因子相结合、所能携带的风险总量越少、可能造成的风险损失越小。评价风险载体的风险携带能力，有利于发现设计传导过程中风险因子相对集中、风险总量较大的环节，对企业采取"截留风险载体"的风险控制办法意义重大。

**企业产品创新设计风险载体风险携带能力评价指标体系** 表 4-3

| 一级指标 | 二级指标 | 三级指标 |
|---|---|---|
| 设计风险载体风险携带能力 | 人员载体 风险携带能力 | 企业/设计组织人员规模及结构合理性 |
| | | 企业针对设计组织人员管理制度的完善程度 |
| | | 设计组织设置的合理性 |
| | 设备载体 风险携带能力 | 生产加工设备的安全性及稳定性 |
| | | 生产加工设备的易用性及先进性 |
| | | 生产加工设备的维护及保障程度 |
| | 资金载体 风险携带能力 | 流动资金的规模 |
| | | 资金往来所经历的环节数量 |
| | | 资金保障体系的完善程度 |
| | 信息载体 风险携带能力 | 信息的完备及清晰程度 |
| | | 信息发布的形式及传播过程中节点的数量 |
| | | 信息获取来源及发布渠道的权威性 |
| | 技术载体 风险携带能力 | 技术的时效性 |
| | | 技术的可操作性 |
| | | 技术的延展性 |
| | 理念载体 风险携带能力 | 理念的先进性 |
| | | 理念的完备程度 |
| | | 理念的适用程度 |

（3）企业产品创新设计风险路径风险传导能力评价指标体系（表 4-4）

设计风险传导路径一般依附于业务流程链、利益链和价值链，不同传导链条的特性有所不同。设计风险传导路径的传导能力关系到所传递风险量的大小：其传导能力越强，风险流量越大；传导能力弱，则风险流量小。对其传导能力的评价，有助于企业采用"斩断风险路径"的风险控制办法。

（4）企业产品创新设计风险接受体抗风险能力评价指标体系（表 4-5）

设计风险接受体的抗风险能力的强弱，决定了其应对风险的方式方法，也决定了风险流经过风险接受体之后的风险大小。风险接受体抗风险能力强，可

**企业产品创新设计风险路径风险传导能力评价指标体系**　　表4-4

| 一级指标 | 二级指标 | 三级指标 |
|---|---|---|
| 设计风险路径风险传导能力 | 设计业务流程 风险传导能力 | 设计业务流程形式 |
| | | 设计业务流程环节数量 |
| | | 设计业务流程各环节业务处理时间 |
| | | 设计业务流程与外界相关程度 |
| | 企业相关利益链 风险传导能力 | 利益链上每一环节利益相关者数量 |
| | | 利益相关者矛盾冲突激烈程度 |
| | | 利益相关者联系的紧密程度 |
| | | 利益相关者合作时的合同化程度 |
| | 企业所在价值链 风险传导能力 | 价值链上合作者数量 |
| | | 价值链上共同创造价值的规模 |
| | | 价值链上相关者联系的紧密程度 |
| | | 价值链上相关者合作时的合同化程度 |

削弱或使风险流停止传递，减少风险损失；而抗风险能力弱，则可能增强或加速风险流传递，使风险损失扩大。评价风险接受体对风险的抗御能力，有利于企业采用"提高风险阈值"的风险控制办法。

**企业产品创新设计风险接受体抗风险能力评价指标体系**　　表4-5

| 一级指标 | 二级指标 | 三级指标 |
|---|---|---|
| 设计风险接受体抗风险能力 | 设计组织在企业内部级别 | 设计组织领导者所处地位 |
| | | 设计组织可获取企业资源的多少 |
| | | 设计组织健全程度 |
| | 设计组织人员整体素质水平 | 设计人员整体学历水平 |
| | | 设计人员整体业务熟悉程度 |
| | | 设计人员整体业绩达成情况 |
| | 设计流程合理程度 | 设计流程运行平稳程度 |
| | | 设计流程运行效率 |
| | | 设计流程管理措施完善程度 |
| | 设计组织与各利益相关体的利益冲突程度 | 设计组织利益相关体数量 |
| | | 设计组织与利益相关体联系紧密程度 |
| | | 设计组织与利益相关体利益一致性比例 |
| | 设计组织在价值链上所处位置 | 设计组织在价值链上的价值贡献度 |
| | | 价值链上相关者联系的紧密程度 |

## 设计风险传导中的风险识别

在上一节中，针对设计风险传导的构成要素分别建立了风险评价指标体系：即企业产品创新设计风险源风险状态评价指标体系、企业产品创新设计风险载体风险承载能力评价指标体系、企业产品创新设计风险路径风险传导能力评价指标体系、企业产品创新设计风险接受体抗风险能力评价指标体系，其中涉及4个一级指标、17个二级指标、57个三级指标。设计风险传导中的风险识别，正是基于上述三层级指标的动态关联性得出的。三级指标的变化引发二级指标变化，进而影响一级指标，通过对指标变化的考察可做到设计风险发生的早期预警，通过测度其风险量可帮助企业采取相应的风险控制策略。

1. 企业产品创新设计风险源风险状态识别

基于企业产品创新设计风险源风险状态评价指标体系（表6-1），需要对1个一级指标（A1）、3个二级指标（A1.1～1.3）、13个三级指标（A1.1.1～1.3.3）进行考察。考察的顺序应从三级指标开始，通过对三级指标进行定量或定性分析得出其变化趋势，推导出二级指标性态，进而得出一级指标性态。

在设计风险源状态识别中，三级指标的变量影响二级指标的活跃程度，二级指标越活跃，则一级指标越活跃。现逐一进行分析。

（1）影响二级指标A1.1的6项三级指标

A1.1.1 区域整体经济形势变化

该指标所反映的是特定区域在一定时期内的经济走势。经济走势向好则消费能力强，市场需求旺盛，各类经济活动活跃，企业更可能采取扩张态势增加企业盈利；经济走势看低，则市场需求低迷，经济活动活跃性降低，企业更可能紧缩各项开支保持收支平衡，企业盈利点减少，利润随之下滑。该指标用以判定企业可能采取的经营策略和即将面对的各种有利或不利因素。该指标在设计风险传导研究的范畴内，可只作定性分析：经济趋势向好，带给企业正面因素较多，反之则负面因素较多。

A1.1.2 区域政策法规的变化

该指标主要考察政策法规对于企业经营各方面的直接和间接影响。该指标具有针对性,如直接对企业经营造成重大影响的政策法规出台,则需要企业顺应法规,对其经营项目、自身结构、运营方式等进行重大调整;而间接影响企业,或法规细则的出台,企业则只需对相应部分进行调整。该指标可只作定性分析,政策法规有变化,则进一步考察政策变化对企业构成正面影响或负面影响以及影响程度和形式,如无变化则不需应对。但同时,企业也可通过对若干特定区域、同类型政策法规的变化频率进行统计,从而得出不同地区政策法规变化的特性和趋势,有助于企业采取不同的经营策略。

A1.1.3 区域自然条件及物产资源变化

该指标主要考察企业生产经营环节中原材料供应的变化。该指标具有一定的针对性,如企业对于特定区域内原材料供应依赖程度越高,则该变化对企业影响越大,反之则影响较小。该指标可有针对性地进行量化分析,如计算某重要原材料价格正负增长比例,以常年某原材料价格增长比例作为参考值,通过比较判定其影响的性质和大小。

A1.1.4 区域劳动力构成及劳动力成本变化

该指标主要考察企业劳动力成本可能发生的变化。劳动力结构涉及劳动力的性别、年龄、受教育程度等,劳动力成本则直接关系到企业的收支和盈利,特定区域内劳动力相关指标的变化会给企业自身劳动力结构和成本带来影响,给劳动密集型企业带来的影响最大。该指标可作量化分析,尤其需要关注劳动力薪资水平的正负增长比例,可将该区域常年薪资增长比例作为参考值,结合企业实际得出其影响的性质和程度。

A1.1.5 客户及其他利益相关者诉求的变化

该指标主要考察企业赢利点、盈利模式可能发生的变化。客户和企业利益相关者的诉求,决定了企业盈利点和盈利模式,若该指标发生变化则企业需十分警惕,现有的盈利点和盈利模式如何适应市场的变化,保证企业收益。该指标可作定性分析,根据具体的变化内容来判定对企业的影响性质和程度。

A1.1.6 主要竞争对手经营策略的变化

该指标主要用以判断市场趋势和企业可能采取的应对策略。主要竞争对手采取的经营策略是建立在该企业对于市场的判断和自身特点基础上的，因此该指标的变量可作为判断市场变化的依据，具有一定的参照性；同时，竞争对手所采取的经营策略也会给企业自身带来影响，该指标可以定性分析，判断其影响是有利、有害或借鉴。

（2）影响二级指标 A1.2 的 4 项三级指标

A1.2.1 企业经营理念的变化

该指标因涉及企业经营模式、产品内容等核心问题，因此该指标的变化对于企业产品创新设计影响重大。企业经营理念发生变化则企业原有各种规范将相应调整，在磨合期间所面临的不确定因素增加，对于企业内部各风险因素起到刺激作用，在一定时期、一定范围内带来的负面影响增加。该指标可定性分析，企业经营理念发生变化的初期，不利因素增加，则构成负面影响；企业经营理念无变化，则不构成影响。

A1.2.2 企业资金规模的变化

该指标主要考察企业对于产品创新资金支持可能发生的变化。资金支持对于企业产品创新设计的启动和延续至关重要。该指标可作定量分析，可将企业在某时段的资金规模作为参考值，企业资金规模扩大，用以研发的投入可能相应增加，构成正面影响；反之则可能缩减投入，构成负面影响。

A1.2.3 企业技术实力及设备工艺的变化

该指标主要考察企业产品竞争力可能发生的变化。该指标可定性分析，企业技术实力越强、设备工艺越先进，其产品科技含量及品质都有所保障，同时也可能借助上述有利条件降低成本、增加附加值、提升品牌形象、构筑产品核心竞争力；反之则可能使产品失去竞争优势，使企业遭受损失。

A1.2.4 企业部门设置的变化

该指标与企业经营理念的变化类似，由于部门设置的调整，原有业务流程和规范随之调整，在一定时期和范围内其不确定因素增加，对设计风险因子有刺激作用。该指标可定性分析，发生变化则构成负面影响；无变化则不构成影响。

(3)影响二级指标 A1.3 的 3 项三级指标

A1.3.1 设计组织人员数量、结构的变化

该指标所反映的是企业设计组织的设计能力可能发生的变化。在一定时期内,企业对设计的需求和设计组织的供给能力是匹配的,当企业设计需求增长或减少,设计组织人员数量和结构会相应调整;当企业对设计的需求量不变,而设计组织人员或结构发生变化时,会对设计组织设计能力产生影响,该指标主要考察后者。该指标可定性分析,通过对设计组织人员总量、不同岗位人员数量、高学历背景人员比例、性别比例、年龄比例等指标的统计,可得出一定时期内与企业设计需求相匹配的设计组织人员数量、结构等指标,当指标发生变化时具体分析其影响的性质和程度。

A1.3.2 设计组织业务流程的变化

该指标所反映的是设计组织业务操作可能发生的变化。业务流程决定了流程中各环节的具体内容,因此,当流程发生变化时,既有的业务操作方式发生变化,其初期阶段的磨合过程中不确定因素增加,带来负面效应。该指标可定性分析,指标发生变化则构成负面影响;无变化则不构成影响。

A1.3.3 设计组织业务质量的变化

该指标直接反应设计组织设计能力的水平。该指标的变化可从设计人员单位时间所产出的设计方案数量、设计方案的中期检查质量、时间节点控制等方面得出,如高出既有水平则显示业务质量上升,可有更多的时间及精力面对可能出现的问题,构成正面影响;反之则是业务质量下降,构成负面影响。影响设计组织业务质量的因素有很多,可作定性分析,是设计组织领导者需要时时关注的重要指标。

根据对上述 13 个三级指标的分析,得出企业产品创新设计风险源风险状态识别对照表(表 4-6)。在第三级指标中,既有定性分析指标也有定量分析指标,当指标在发生变化时,有可能带来有利影响、不利影响或无影响。在设计风险传导风险识别中,主要突出对指标变量带来的有害影响的识别,因此,本文将指标变量的有利影响和无影响归为无害类,将不利影响归为有害类,借此突出

其风险识别性能。无害指标越多则风险因子越容易保持常态；有害指标越多则风险因子越活跃。

**企业产品创新设计风险源风险状态识别对照表**　　　　表 4-6

| 一级指标 | 二级指标 | 常态 | 活跃 | 三级指标 | | 无害 | | 有害 |
|---|---|---|---|---|---|---|---|---|
| | | 常态 | 活跃 | | | | | |
| A1 设计风险源风险状态 | A1.1 企业外部 风险影响因素状态 | | | A1.1.1 | 区域整体经济形势变化 | 走高 | 不变 | 走低 |
| | | | | A1.1.2 | 区域政策法规的变化 | 有利 | 不变 | 不利 |
| | | | | A1.1.3 | 区域自然条件及物产资源变化 | 小于 | 参考值 | 大于 |
| | | | | A1.1.4 | 区域劳动力构成及劳动力成本变化 | 小于 | 参考值 | 大于 |
| | | | | A1.1.5 | 客户及其他利益相关者诉求的变化 | 有利 | 不变 | 不利 |
| | | | | A1.1.6 | 主要竞争对手经营策略的变化 | 有利 | 借鉴 | 不利 |
| | A1.2 企业内部 风险影响因素状态 | | | A1.2.1 | 企业经营理念的变化 | | 不变 | 变化 |
| | | | | A1.2.2 | 企业资金规模的变化 | 大于 | 参考值 | 小于 |
| | | | | A1.2.3 | 企业技术实力及设备工艺的变化 | 增强 | 不变 | 减弱 |
| | | | | A1.2.4 | 企业部门设置的变化 | | 不变 | 变化 |
| | A1.3 设计组织自身 风险影响因素状态 | | | A1.3.1 | 设计组织人员数量、结构的变化 | | 不变 | 变化 |
| | | | | A1.3.2 | 设计组织业务流程的变化 | | 不变 | 变化 |
| | | | | A1.3.3 | 设计组织业务质量的变化 | 增强 | 不变 | 减弱 |

2. 企业产品创新设计风险载体风险携带能力识别

基于企业产品创新设计风险载体风险携带能力评价指标体系（表 4-3），需要对 1 个一级指标（B1）、6 个二级指标（B1.1～1.6）、18 个三级指标（B1.1.1～1.6.3）进行考察。

在设计风险载体携带能力识别中，三级指标的变量影响二级指标的风险携带能力，二级指标强弱决定一级指标的强弱。风险载体携带能力的强弱表现为：越容易与风险因子相结合、所携带的风险量越大，则其风险携带能力越强；反之，不易与风险因子结合或所携带的风险量较小，则其风险携带能力弱。现逐一进行分析。

（1）影响二级指标 B1.1 的 3 项三级指标

B1.1.1 企业/设计组织人员规模及结构合理性

该评价指标可作定性分析。其判断依据可来源于企业各项经营活动中人员要素的考察。如企业现有人员可满足企业正常经营活动的需求，人员配合默契、各项工作开展顺利，则视为合理，其风险携带能力较弱；反之则为不合理，风险携带能力较强。

B1.1.2 企业针对设计组织人员制度的完善程度

该评价指标可作定性分析。其判断依据可来源于对设计组织的工作效率、效果，设计组织人员的凝聚力、工作热情、人员流动比例等方面考察。如设计组织工作效率高、效果好、人员凝聚力强、有热情，且人员流动比例维持在较低水平，则可视为管理措施得当，管理制度完善，其风险携带能力较弱；反之则视为管理措施适当或不完善，其风险携带能力强。

B1.1.3 设计组织设置的合理性

该评价指标可作定性分析。其判断依据是设计组织在企业产品创新中的能力水平，如指标 B1.1.1 与 B1.1.2 均显示合理，而设计组织能力仍不能满足企业需求，则需要考察企业对设计组织的定位是否合理，企业是否完全发挥了设计组织的应有功效；也可参照相同类型企业设计组织设置形式，对自身定位进行考察。设计组织定位合理，可有效发挥设计组织功效，其风险携带能力弱；反之则不能完全发挥功效，其风险携带能力强。

（2）影响二级指标 B1.2 的 3 项三级指标

B1.2.1 生产加工设备的安全性及稳定性

该评价指标可作定量分析。其量化依据可来自生产加工时，安全事故数量和设备的故障率，其评价依据可参照行业标准和企业自身标准。这两项数值越大则说明设备隐患越大，风险携带能力越强；反之则设备隐患较小，风险携带能力弱。

B1.2.2 生产加工设备的易用性及先进程度

该评价指标可作定性分析。其评价依据可参照行业标准或企业自身标准，对人员设备培训的天数以及设备性能指标的考察。设备越容易操作、性能指标越好，则操作失误率及废品率越低，其携带风险的能力越弱；反之则风险携带能力强。

B1.2.3 生产加工设备为维护及保障程度

该评价指标可作定性分析。其评价依据来源于对设备安全性和稳定性的考察，同时，对于需要不定期更新软件的某些设备，软件更新频率也可列入评价。设备维护和保障越得力，其携带风险的能力越弱；反之则风险携带能力强。

（3）影响二级指标 B1.3 的 3 项三级指标

B1.3.1 流动资金规模

该评价指标可作定量分析，其量化依据可来自企业财务部门数据。净流动资金越多表示净流动资产越多，其短期偿债能力较强，因而其信用地位也较高。因此，流动资金规模越大，其抗御风险的能力水平越高，反之则抵御风险的能力较低。

B1.3.2 资金往来所经历的环节数量

该评价指标可作定量分析，其量化指标可来自企业财务部门。一般来看，资金来往所经历的环节数量越多，其周转时间越长，其间受到各种主客观因素影响的几率越大，因此其所携带风险的能力越强；反之，流通环节越少，其资金流转越快，受到不确定因素影响的概率越小，其携带风险的能力越弱。当环节数量发生变化时，需关注财务资金安全事故率的变化。

B1.3.3 资金保障体系的完善程度

该评价指标可作定量分析，其量化依据是企业财务部门资金安全事故率。企业可参照行业标准和自身标准设立参考值，如事故率高于参考值则说明保障体系完善程度较差，其风险携带能力强；反之，事故率低于参考值则风险携带能力弱。

（4）影响二级指标 B1.4 的 3 项三级指标

B1.4.1 信息的完备及清晰程度

该评价指标可作定性分析，其评价依据来自对信息内容的考察。如信息所呈现的形式是文字描述还是数据、图表，其内容的客观性和准确性等；当信息所传达的内容缺失或不易被解读时，其隐含的风险因素增加，风险携带能力强；反之则风险携带能力弱。

B1.4.2 信息发布形式及传播过程中的节点数量

该指标可作定量分析。与指标 B1.3.2 类同，信息在传递过程中所经历的节点越多，其"反应时滞"效应越明显，信息失真的可能性越大，因此其风险携带能力越强；反之则风险携带能力弱。当节点数量发生变化时，需关注信息的完备和清晰程度的变化。

B1.4.3 信息获取来源及发布渠道的权威性

该指标可作定性分析，可对信息渠道的资质进行考察。信息获取和发布渠道权威，其信息的真实、准确、完整程度相对较高，其信息隐含的风险因素较少，风险携带能力弱；反之则风险携带能力强。

（5）影响二级指标 B1.5 的 3 项三级指标

B1.5.1 技术的时效性

该评价指标可作定性分析，其评价依据可来自于对行业标准的考察。如一项技术的有效期短，技术更新的频率相应增加，对于新技术的掌握和熟练操作需要反应时间，而在反应时间段内风险的发生概率较高，因此其风险携带能力强；反之，一项技术的有效期长，其变化和更新的频率较低，有利于实现降低操作风险，能提供相对较长的平稳期，因此其风险携带能力弱。为了更精确地掌握技术的时效性，也可将技术的有效日期列出，当临近截止日期时着重加强管理。

B1.5.2 技术的可操作性

该评价指标可作定性分析。该指标与指标 B1.2.2 类同，可依照对人员技术培训的天数、实际应用的效率高低，来衡量其可操作性的强弱。技术的可操作性越强，其风险携带能力越弱，反之则携带能力强。

B1.5.3 技术的延展性

该评价指标可作定量分析，其量化依据来自对该技术应用范围的考察。技术的延展性越强，其应用范围越广，所涵盖企业部门和人员越多，从正面来看，有助于积累该技术的操作经验，有助于减少风险的发生；从负面来看，一旦该技术自身存在缺陷，则波及范围广泛，所带来的风险损失巨大。因此，当一项技术的延展性较好的时候，更应该注重对其科学性、合理性的考察。

(6) 影响二级指标 B1.6 的 3 项三级指标

B1.6.1 理念的先进性

该评价指标可作定性分析。企业理念是指导企业经营发展的根本原则，其理念的先进性应体现在有助于企业长远的生存和发展。因此，对该指标的评价应建立在对该理念所带来的实际效果的考察，如财务数据、人员士气、工作效率等。理念先进，企业各项经营活动有条不紊，则风险发生率低；反之则风险发生率高。

B1.6.2 理念的完备程度

该评价指标可作定性分析。主要考察企业经营理念的系统性和完整性，一项理念的提出需要细化并落实到企业生产经营的各个环节，否则难以推广和产生实际效果。理念的完备程度越高，其可操作性越强，越能够协调企业各项工作，越容易产生实际效果，反之则可能造成行事混乱，增大风险发生的概率。

B1.6.3 理念的适用程度

该评价指标可作定性分析。不同类型、层级的企业其自身特点各不相同，即使是同类型企业之间也存在差异性，因此，能够带来显著收益的先进理念并不一定能适用于所有企业。一项先进理念在企业中的适用度高，则能使企业从中获益，其风险携带能力弱；反之则效果不明显或使企业遭受损失，即风险携带能力强。

根据对上述 18 个三级指标的分析，得出企业产品创新设计风险载体风险携带能力识别对照表（表 4-7）。在第三级指标中，5 个定量指标均可根据行业标准或企业自身标准建立参考值，借以判断实际数据对二级指标无害或有害，无害指标越多则风险携带能力越容易保持常态，有害指标越多则风险携带能力越强。

3. 企业产品创新设计风险路径风险传导能力识别

基于企业产品创新设计风险路径风险传导能力评价指标体系（表 4-4），需要对 1 个一级指标（C1）、3 个二级指标（C1.1～1.3）、12 个三级指标（C1.1.1～1.3.4）进行考察。

**企业产品创新设计风险载体风险携带能力识别对照表**　　　　表 4-7

| 一级指标 | 二级指标 | 常态 | 强 | 三级指标 | | 无害 | 有害 |
|---|---|---|---|---|---|---|---|
| B1<br>设计风险<br>载体风险<br>携带能力<br>常态　强 | B1.1<br>人员载体　风险携带能力 | | | B1.1.1 | 企业/设计组织人员规模及结构合理性 | 好 | 坏 |
| | | | | B1.1.2 | 企业针对设计组织人员管理制度的完备程度 | 好 | 坏 |
| | | | | B1.1.3 | 设计组织设置的合理性 | 好 | 坏 |
| | B1.2<br>设备载体　风险携带能力 | | | B1.2.1 | 生产加工设备的安全性及稳定性 | 小于 参考值 | 大于 |
| | | | | B1.2.2 | 生产加工设备的易用性及先进性 | 好 | 坏 |
| | | | | B1.2.3 | 生产加工设备的维护及保障程度 | 好 | 坏 |
| | B1.3<br>资金载体　风险携带能力 | | | B1.3.1 | 流动资金的规模 | 大于 参考值 | 小于 |
| | | | | B1.3.2 | 资金往来所经历的环节数量 | 小于 参考值 | 大于 |
| | | | | B1.3.3 | 资金保障体系的完善程度 | 好 | 坏 |
| | B1.4<br>信息载体　风险携带能力 | | | B1.4.1 | 信息的完备及清晰程度 | 好 | 坏 |
| | | | | B1.4.2 | 信息发布的形式及传播过程中节点的数量 | 小于 参考值 | 大于 |
| | | | | B1.4.3 | 信息获取来源及发布渠道的权威性 | 是 | 否 |
| | B1.5<br>技术载体　风险携带能力 | | | B1.5.1 | 技术的时效性 | 长 | 短 |
| | | | | B1.5.2 | 技术的可操作性 | 强 | 弱 |
| | | | | B1.5.3 | 技术的延展性 | 小于 参考值 | 大于 |
| | B1.6<br>理念载体　风险携带能力 | | | B1.6.1 | 理念的先进性 | 好 | 坏 |
| | | | | B1.6.2 | 理念的完备程度 | 好 | 坏 |
| | | | | B1.6.3 | 理念的适用程度 | 好 | 坏 |

在设计风险路径传导能力识别中，三级指标的变量影响二级指标的路径传导能力，二级指标强弱决定一级指标的强弱。风险路径传导能力的强弱表现为：越容易使风险流通、所能传导的风险量越大，其风险传导能力越强；反之，不易使风险流通或所通过的风险量较小，其风险传导能力弱。现逐一进行分析。

（1）影响二级指标 C1.1 的 4 项三级指标

C1.1.1 设计业务流程形式

该评价指标可作定性分析。设计业务流程形式越复杂，其涉及的内容、形式、人员和部门越多，面对的潜在风险因素越复杂，可能面临的风险总量越大，业务流程风险传导能力越强；业务流程越简约，所涉及的内容、形式、人员和部门少，面对的潜在风险因素越单纯，可能面临的风险总量越小，风险传导能力越弱。

C1.1.2 设计业务流程环节数量

该评价指标可作定量分析。业务流程环节数量越多,其潜在风险因素越多,风险流在传导过程中增强的可能性越大,业务流程风险传导能力越强;反之,风险流途经环节越少,其风险因素越单纯,业务流程风险传导能力越弱。

C1.1.3 设计业务流程各环节业务处理时间

该评价指标可作定量分析。各环节业务处理时间越长,其总业务处理时间越长,"时滞效应"越明显,其风险发生的可能性越大,业务流程风险传导能力越强;反之,业务处理时间越短,各种风险因素难以在短时间内对其造成影响,风险传导能力越弱。

C1.1.4 设计业务流程与外界相关程度

该评价指标可作定性分析。设计业务流程与外界相关程度越高,越容易受到外部风险因素的影响,外部风险因素与内部风险因素叠加使风险总量增加,业务流程风险传导能力越强;反之,企业内部设计业务流程与外界相关程度越低,其受到外部风险因素影响越小,业务流程风险传导能力越弱。

(2)影响二级指标 C1.2 的 4 项三级指标

C1.2.1 利益链上每一环节利益相关者数量

该评价指标可作定量分析。利益链上每一环节利益相关者数量越多,相关利益诉求的数量越多,每个利益相关者都会依照"趋利避害"原则追逐利益、规避损害,在利益总量一定的情况下,有关利益分配、风险承担的矛盾和冲突随之增多,其造成的潜在风险因素增加,企业利益链风险传导能力越强;反之,利益相关者数量越少,其矛盾和冲突相对减少,利益链风险传导能力越弱。

C1.2.2 利益相关者矛盾冲突激烈程度

该评价指标可作定性分析。利益相关者矛盾冲突激烈程度越高,其风险因素越难于化解、可能波及的范围越广泛、风险总量越高,企业相关利益链风险传导能力越强;反之,矛盾冲突激烈程度越低,风险因素越容易化解,利益链风险传导能力越弱。

### C1.2.3 利益相关者联系的紧密程度

该评价指标可作定性分析。利益相关者联系的紧密程度越高,相互影响越直接,潜在的风险因素增多,可能面临的风险总量加大,企业相关利益链风险传导能力越强;反之则不易受到相互影响,利益链风险传导能力弱。

### C1.2.4 利益相关者合作时的合同化程度

该评价指标可作定量分析。签订合同是保障合作各方权益的必要手段,合同化程度越高,合作双方的利益越有保障,其风险损失也有明确界定,客观上限定了风险损失的规模,因此相关利益链风险传导能力弱;反之,合同化程度越低,权益保障度越低,所面临的风险损失规模越不可控,利益链风险传导能力越强。

(3)影响二级指标 C1.3 的 4 项三级指标

### C1.3.1 价值链上合作者数量

该评价指标可作定量分析。价值链上合作者数量越多,不确定因素越多,发生风险的概率、风险总量随之增加,价值链风险传导能力越强;反之合作者数量越少,发生风险的概率、风险总量随之减少,风险传导能力越弱。

### C1.3.2 价值链上共同创造价值的规模

该评价指标可作定量分析。从风险防范的角度来看,价值链上共同创造价值的规模越大,合作各方的投入越大,其资金安全的风险也越大,因此价值链风险传导能力越强;反之共同创造的价值规模小,合作各方的投入也相应较小,资金安全风险小,价值链风险传导能力弱。

### C1.3.3 价值链上相关者联系的紧密程度

该评价指标可作定性分析。与指标 C1.2.3 类同,相关者联系紧密程度越高,风险传导能力越强;反之则风险传导能力越弱。

### C1.3.4 价值链上相关者合作时的合同化程度

该评价指标可作定量分析。与指标 C1.2.4 类同,合同化程度越高,风险传导能力越弱;反之则风险传导能力越强。

根据对上述 12 个三级指标的分析,得出企业产品创新设计风险路径风险传导能力识别对照表（表 4-8）。在第三级指标中，7 个定量指标均可根据行业标准或企业自身标准建立参考值，借以判断实际数据对二级指标无害或有害。无害指标越多，则风险传导能力越容易保持常态；有害指标越多，则风险传导能力越强。

**企业产品创新设计风险路径风险传导能力识别对照表**　　　　表 4-8

| 一级指标 | | 二级指标 | | 常态 | 强 | 三级指标 | | 无害 | 有害 |
|---|---|---|---|---|---|---|---|---|---|
| 常态 | 强 | | | | | | | | |
| C1<br>设计风险路径风险传导能力 | | C1.1<br>设计业务流程　风险传导能力 | ← | | | C1.1.1 | 设计业务流程形式 | 简约 | 复杂 |
| | | | | | | C1.1.2 | 设计业务流程环节数量 | 小于 | 参考值 大于 |
| | | | | | | C1.1.3 | 设计业务流程各环节业务处理时间 | 小于 | 参考值 大于 |
| | | | | | | C1.1.4 | 设计业务流程与外界相关程度 | 低 | 高 |
| | | C1.2<br>企业相关利益链　风险传导能力 | ← | | | C1.2.1 | 利益链上每一环节利益相关者数量 | 小于 | 参考值 大于 |
| | | | | | | C1.2.2 | 利益相关者矛盾冲突激烈程度 | 低 | 高 |
| | | | | | | C1.2.3 | 利益相关者联系的紧密度 | 低 | 高 |
| | | | | | | C1.2.4 | 利益相关者合作时的合同化程度 | 大于 | 参考值 小于 |
| | | C1.3<br>企业所在价值链　风险传导能力 | ← | | | C1.3.1 | 价值链上合作者数量 | 小于 | 参考值 大于 |
| | | | | | | C1.3.2 | 价值链上共同创造价值的规模 | 小于 | 参考值 大于 |
| | | | | | | C1.3.3 | 价值链上相关者联系的紧密度 | 低 | 高 |
| | | | | | | C1.3.4 | 价值链上相关者合作时的合同化程度 | 大于 | 参考值 小于 |

4. 企业产品创新设计风险接受体抗风险能力识别

基于企业产品创新设计风险接受体抗风险能力评价指标体系（表 4-5），需要对 1 个一级指标（D1）、5 个二级指标（D1.1 ~ 1.5）、14 个三级指标（D1.1.1 ~ 1.5.2）进行考察。

在设计风险路径传导能力识别中，三级指标的性态影响二级指标性态，二级指标性态决定一级指标的强弱。风险接受体抗风险能力的强弱表现为：风险接受体自身体系越健全、综合实力越强，发生风险的概率越低、减少风险损失的能力越强；反之则抗风险能力弱。现逐一进行分析。

（1）影响二级指标 D1.1 的 3 项三级指标

D1.1.1 设计组织领导者所处地位

该评价指标可作定性分析。设计组织领导者在企业领导层中的地位越高，其对企业综合实力的了解越深入，对企业经营动向具有知情权和决策权，有利于对产品创新设计从源头上进行掌控、对企业资源进行调配，从而使设计组织在面对风险时拥有更充足的应对能力；反之，设计组织领导者在企业中层级越低，越不容易掌控产品创新设计过程，所能调动的资源有限，设计组织应对风险的能力随之降低。

D1.1.2 设计组织可获取企业资源的多少

该评价指标可作定量分析。设计组织可获取企业资源的形式多样，有人员、资金、设备、政策等有形或无形资源，对于可以量化的部分，可通过对常年指标的统计得出参考值，如每季度资金投入的额度，当现实指标同比[1]、环比[2]上升或下降时，可得出设计组织获取资源的增加量或减少量。设计组织可获得企业资源越多，侧面反映其重要程度越高，其抗风险能力随之增强；反之则抗风险能力弱。

D1.1.3 设计组织健全程度

该评价指标可作定性分析。该指标的判断可依照行业标准或企业自身标准进行，可进一步细化该指标，如设计组织的人员配备、结构关系、资金设备、有无专门的管理措施等。设计组织健全程度越高，侧面反映其综合实力越强、在企业中所处地位越高、抵御风险的能力越强；反之则综合实力弱、所处地位低、抗风险能力弱。

（2）影响二级指标 D1.2 的 3 项三级指标

D1.2.1 设计人员整体学历水平

该评价指标可作定量分析。可通过设定某一学历水平为高水平，如硕士研究生，通过计算企业员工硕士研究生所占比例，将该数值作为参考值，当设计组织高水平学历人员比例大于参考值时，即设计组织整体学历水平高，反之则

---

[1] "同比"：同比是今年第 n 月与去年第 n 月相比。同比主要是为了消除季节变动的影响，用以说明本期发展水平与去年同期发展水平对比而达到的相对发展速度。

[2] "环比"：环比是报告当期水平与前一时期水平之比，如当月指标与前一个月指标对比，用于表明现象逐期的发展速度。

为低。设计人员的学历水平，从某种程度上可以反映其综合素质，借此判断其抗风险能力水平。

**D1.2.2 设计人员整体业务熟悉程度**

该评价指标可作定量分析。设计人员整体业务熟悉程度可借助人员服役时间长短加以判断，可将设计组织人员平均服役时间作为基准值，统计设计人员达到和超过该值的人员比例。该比例越高，则反映设计人员总体业务熟悉程度越高，应对业务中所出现问题的能力越强；反之则越弱。

**D1.2.3 设计人员整体业绩达成情况**

该评价指标可作定量分析。该指标可通过设计组织内部人员绩效考核得出，如计算单位时间内设计人员平均工作量，达到和超过该值的人员比例越高，则设计组织人员整体业绩达成情况越好，从侧面反映该组织人员能力水平和工作热情更高，其抗风险能力越强，反之则抗风险能力弱。

（3）影响二级指标 D1.3 的 3 项三级指标

**D1.3.1 设计流程运行平稳程度**

该评价指标可作定量分析。设计流程运行平稳程度指标，可借助对设计流程中出现差错频率的考察得出，如将常年设计流程平均差错次数作为参考值，当现实数值低于参考值时则说明其平稳程度高，设计流程合理，流程中各环节配合度好，发生风险的概率较低；反之则说明设计流程不合理，各环节配合度差，发生风险的概率高。

**D1.3.2 设计流程运行效率**

该评价指标可作定量分析。可将常年设计流程用时超过设计项目规定用时的发生次数平均值作为参考值，当现实数值小于参考值时则说明设计组织运行效率提升，反映该设计流程更趋合理，流程运行更顺畅，发生风险概率较低，反之则说明设计流程不合理，运行不顺畅，发生风险概率较高。

**D1.3.3 设计流程管理措施完善程度**

该评价指标可作定性分析。可基于对设计流程中关键管理措施的考察，如是否有设计流程的技术指标、人员绩效考核指标、自查和反馈机制、应急预案等。

设计流程管理措施完善程度越高,越能促使设计流程趋向合理,从而提升其抗风险能力,反之则削弱其抗风险能力。

(4)影响二级指标 D1.4 的 3 项三级指标

D1.4.1 设计组织利益相关体数量

该评价指标可作定量分析。在利益总量一定的情况下,设计组织利益相关体数量越多,其需要面对的利益诉求越多,其竞争和冲突越激烈,各利益相关体之间的博弈造成风险发生的概率增大,反之则冲突程度降低,风险发生的概率随之减小。

D1.4.2 设计组织与利益相关体联系紧密程度

该评价指标可作定性分析。利益相关体联系紧密程度越高,其相互作用的能力越强,当发生利益冲突时激烈程度越高,其风险因素越不可调和,使风险发生的概率增加、化解风险损失的难度加大,反之则相互影响较弱,利益冲突不激烈,风险易于被化解。

D1.4.3 设计组织与利益相关体利益一致性比例

该评价指标可作定量分析。设计组织与利益相关体利益一致性比例越高,之间的利益冲突程度越低,可能爆发冲突、引发风险的概率越低,反之则爆发利益冲突、引发风险的概率较高。

(5)影响二级指标 D1.5 的 2 项三级指标

D1.5.1 设计组织单位时间有效设计方案贡献量

该评价指标可作定量分析。可将常年设计组织的单位时间有效设计方案贡献量作为参考指标,如以季度为单位,可将季度有效设计案数量平均值作为参考值,当实际数值大于参考值时则说明贡献量增加,设计组织在整个价值链上的贡献度随之增加,反之则设计组织贡献度减少。

D1.5.2 设计成果销量

该评价指标可作定量分析。当价值链上除设计组织外各相关方保持不变,设计成果销量越大,则设计组织的价值贡献度越高,反之销量越少则价值贡献度越低。设计成果销量参考值,可依照竞争对手同类型产品销量或企业自身目标销量制定。设计组织贡献度的多少关系到其在价值链中所处地位，所处地位越高，则越容易调动系统资源、越容易开展合作，从而使其抗风险能力得到提升。

根据对上述14个三级指标的分析，得出企业产品创新设计风险接受体抗风险能力识别对照表（表4-9）。在第三级指标中，10个定量指标均可根据行业标准或企业自身标准建立参考值。在整个评价指标体系中，无害指标越多则风险接受体的抗风险能力越容易保持常态，有害指标越多则抗风险能力越弱。

**企业产品创新设计风险接受体抗风险能力识别对照表** 表4-9

| 一级指标 | 二级指标 | 无害 | 有害 | 三级指标 | | 无害 | 有害 |
|---|---|---|---|---|---|---|---|
| 常态 弱 | | | | | | | |
| D1 设计风险接受体抗风险能力 | D1.1 设计组织在企业内部级别 | 高 | 低 | D1.1.1 | 设计组织领导者所处地位 | 高 | 低 |
| | | | | D1.1.2 | 设计组织可获取企业资源的多少 | 大于(参考值) | 小于 |
| | | | | D1.1.3 | 设计组织健全程度 | 高 | 低 |
| | D1.2 设计组织人员整体素质水平 | 高 | 低 | D1.2.1 | 设计人员整体学历水平 | 大于(参考值) | 小于 |
| | | | | D1.2.2 | 设计人员整体业务熟悉程度 | 大于(参考值) | 小于 |
| | | | | D1.2.3 | 设计人员整体业绩达成情况 | 大于(参考值) | 小于 |
| | D1.3 设计流程合理程度 | 高 | 低 | D1.3.1 | 设计流程运行平稳程度 | 小于(参考值) | 大于 |
| | | | | D1.3.2 | 设计流程运行效率 | 小于(参考值) | 大于 |
| | | | | D1.3.3 | 设计流程管理措施完善程度 | 高 | 低 |
| | D1.4 设计组织与各利益相关体的利益冲突程度 | 低 | 高 | D1.4.1 | 设计组织利益相关体数量 | 小于(参考值) | 大于 |
| | | | | D1.4.2 | 设计组织与利益相关体联系紧密度 | 低 | 高 |
| | | | | D1.4.3 | 设计组织与利益相关体利益一致性比例 | 大于(参考值) | 小于 |
| | D1.5 设计组织在价值链上的价值贡献度 | 高 | 低 | D1.5.1 | 设计组织单位时间有效设计方案贡献量 | 大于(参考值) | 小于 |
| | | | | D1.5.2 | 设计成果销量 | 大于(参考值) | 小于 |

### 设计风险传导中的风险测度

设计风险传导中的风险测度，是在设计风险传导识别的基础上通过对各项评价指标变量的考察，并依照各级指标之间的关联性，从而对风险传导的总体态势、危害程度做出判断的一系列过程。该部分内容涉及设计风险测度的适用原则、各级评价指标权重、设计风险的测度及判断过程。

1. 设计风险测度的适用原则

在上一节中，分别对产品创新设计的风险因子活跃程度、风险载体风险携带能力、风险路径风险传导能力、风险接受体抗风险能力的识别方法作了详细描述，并分别创建了风险识别对照表。设计风险测度正是基于风险识别对照表，对各项评价指标进行考察的。

在设计风险识别对照表中，既有定性指标也有定量指标，设计风险测度的总体原则是：重要指标、时效性强的指标重点评测，评测频率高、数据更新快；一般指标、时效性弱的指标常规评测，不发生变动可不评测；只关注指标的有害程度，无害或有利不予评测，借此突出其风险预警功能；设计风险状态和危害程度的判断依据是各项风险指标的测度结果，测度结果有时效性，在保证结果有效性的前提下应尽量缩短评测时间；应建立相关数据库，通过实践总结，淘汰或增设风险评价指标，进一步完善该评估体系。

2. 各级评价指标权重

在设计风险测度的适用原则指导下，为了更有效地对各项指标进行测度，从而得出客观的测度结果，需要将各项评价指标按重要程度划分，即设定各级评价指标权重。在以往设立指标权重时，管理学、经济学、统计学等学科主要依据数学公式、搭建数学模型，从而获得指标权重的客观性，但在实际推广运用阶段会对评估者的学科背景有所限定。由于产品创新设计的特殊性，因此在建立设计风险评价指标权重时不能一味照搬管理学科的权重计算方法。本文认为，结合产品设计领域自身特点，遵循评价指标影响程度的一般规律，设定设计风险评价指标的权重，有利于提升该评估体系的适用性。

本文认为，设计风险评价指标权重的设定可遵循以下原则：

（1）对设计业务产生直接影响的指标权重大，产生间接影响的指标权重小。影响的直接程度与设计部门在企业内部的设置形式有关。一般来说，设计部门对企业的重要程度越高，其所处位置越高、层级越少、所受各种影响越直接；反之则所受影响越间接。

（2）变动频繁的指标权重大，变动不频繁的指标权重小。指标变动频繁，则需要投入更多的精力去应对其变化所带来的影响，指标变动不频繁则相应投入的精力较少。

（3）变量大或变化速度快的指标权重大，变量小或变化速度慢的指标权重小。指标变化的幅度大、变化速度快，企业难以应对，其影响程度就大，反之则较容易应对，影响程度小。

企业可依照上述原则并结合自身实际，将设计风险评价指标识别对照表中的各项指标，按照其权重大小依次排列，或仅标注出特别重要的评价指标。

3. 设计风险的测度及判断过程

本文认为，设计风险性态的判断可从评价指标变化数量、评价指标权重两个方面进行考察。现以企业产品创新设计风险源风险状态的测度和判断为例，说明这一动态过程。

（1）步骤1：分析各级评价指标权重，重新排序

依照指标权重制定原则，可将企业产品创新设计风险源风险状态识别对照表中的各级指标重新排序，各级评价指标按照权重从大到小、从上至下的顺序排列（表4-10）。

**企业产品创新设计风险源风险状态测度步骤1** 表4-10

| 一级指标 | | 二级指标 | 常态 | 活跃 | 三级指标 | | 无害 | | 有害 |
|---|---|---|---|---|---|---|---|---|---|
| 常态 | 活跃 | | | | | | | | |
| A1<br>设计风险源<br>风险状态 | | A1.3<br>设计组织自身 风险影响因素状态 | | | A1.3.1 | 设计组织人员数量、结构的变化 | | 不变 | | 变化 |
| | | | | | A1.3.3 | 设计组织业务质量的变化 | 增强 | 不变 | 减弱 |
| | | | | | A1.3.2 | 设计组织业务流程的变化 | | 不变 | | 变化 |
| | | A1.2<br>企业内部 风险影响因素状态 | | | A1.2.2 | 企业资金规模的变化 | 大于 | 参考值 | 小于 |
| | | | | | A1.2.3 | 企业技术实力及设备工艺的变化 | 增强 | 不变 | 减弱 |
| | | | | | A1.2.4 | 企业部门设置的变化 | | 不变 | | 变化 |
| | | | | | A1.2.1 | 企业经营理念的变化 | | 不变 | | 变化 |
| | | A1.1<br>企业外部 风险影响因素状态 | | | A1.1.4 | 区域劳动力构成及劳动力成本变化 | 小于 | 参考值 | 大于 |
| | | | | | A1.1.3 | 区域自然条件及物产资源变化 | 小于 | 参考值 | 大于 |
| | | | | | A1.1.5 | 客户及其他利益相关者诉求的变化 | 有利 | 不变 | 不利 |
| | | | | | A1.1.6 | 主要竞争对手经营策略的变化 | 有利 | 借鉴 | 不利 |
| | | | | | A1.1.2 | 区域政策法规的变化 | 有利 | 不变 | 不利 |
| | | | | | A1.1.1 | 区域整体经济形势变化 | 走高 | 不变 | 走低 |

(2)步骤2：三级评价指标测度

定性指标仅作性质判断；定量指标先设定参考值，再根据实际数值判断该指标的大小。将有害指标标红，无害指标不作标记（表4-11）。

**企业产品创新设计风险源风险状态测度步骤2** 表4-11

| 一级指标 | 二级指标 | 常态 | 活跃 | 三级指标 | 无害 | 有害 |
|---|---|---|---|---|---|---|
| A1<br>设计风险源<br>风险状态 | | 常态 | 活跃 | | | |
| | A1.3<br>设计组织自身 风险<br>影响因素状态 | | | A1.3.1 设计组织人员数量、结构的变化 | 不变 | 变化 ● |
| | | | | A1.3.3 设计组织业务质量的变化 | 增强 ● 不变 | 减弱 |
| | | | | A1.3.2 设计组织业务流程的变化 | ● 不变 | 变化 |
| | A1.2<br>企业内部 风险影响<br>因素状态 | | | A1.2.2 企业资金规模的变化 | 大于 ● 参考值 | 小于 |
| | | | | A1.2.3 企业技术实力及设备工艺的变化 | 增强 ● 不变 | 减弱 |
| | | | | A1.2.4 企业部门设置的变化 | ● 不变 | 变化 |
| | | | | A1.2.1 企业经营理念的变化 | ● 不变 | 变化 |
| | A1.1<br>企业外部 风险影响<br>因素状态 | | | A1.1.4 区域劳动力构成及劳动力成本变化 | 小于 ● 参考值 | 大于 |
| | | | | A1.1.3 区域自然条件及物产资源变化 | 小于 ● 参考值 | 大于 |
| | | | | A1.1.5 客户及其他利益相关者诉求的变化 | 有利 ● 不变 | 不利 |
| | | | | A1.1.6 主要竞争对手经营策略的变化 | 有利 ● 借鉴 | 不利 |
| | | | | A1.1.2 区域政策法规的变化 | 有利 ● 不变 | 不利 |
| | | | | A1.1.1 区域整体经济形势变化 | 走高 不变 | 走低 ● |

在测度三级评价指标时，需注意各指标间的关联性，如指标A.1.3.1设计组织人员数量、结构发生变化，显示为有害，则需关注指标A1.3.3设计组织业务质量可能随之发生的变化；再如指标1.1.5客户及其他利益相关者诉求发生变化，显示为有害，则需关注指标1.1.4主要竞争对手经营策略可能发生的调整。在测度的同时，应随之加强相应的管理措施，将尽可能多的指标维持在无害状态。

(3)步骤3：二级评价指标测度

二级指标的测度的依据是各三级指标的测度结果，需要综合考虑三级指标变化数量和变化指标的权重（表4-12）。

在二级指标A1.3的三级指标中，仅有A1.3.1显示为有害，其他指标显示无害，即变化指标占该部分指标数量的1/3，所占比例小；但指标A1.3.1的权重最大，综合考虑其可能对指标A1.3.3的不利影响，因此可将二级指标A1.3判定为较活跃。

二级指标 A1.2 的三级指标均表现为无害，因此该指标可判定为常态。

二级指标 A1.1 的三级指标中，有 3 项指标显示为有害，占该部分指标数量的 1/2；且其中 2 项指标的权重较大，因此可将二级指标 A1.1 判定为活跃。

**企业产品创新设计风险源风险状态测度步骤 3** 表 4-12

| 一级指标 | 二级指标 | 常态 | 活跃 | 三级指标 | | 无害 | | 有害 |
|---|---|---|---|---|---|---|---|---|
| 常态 活跃 | A1.3 设计组织自身 风险影响因素状态 | ● | | A1.3.1 | 设计组织人员数量、结构的变化 | 不变 | | 变化 ● |
| | | | | A1.3.3 | 设计组织业务质量的变化 | 增强 ● | 不变 | 减弱 |
| | | | | A1.3.2 | 设计组织业务流程的变化 | | 不变 | 变化 ● |
| | A1.2 企业内部 风险影响因素状态 | ● | | A1.2.2 | 企业资金规模的变化 | 大于 ● | 参考值 | 小于 |
| A1 设计风险源风险状态 | | | | A1.2.3 | 企业技术实力及设备工艺的变化 | 增强 ● | 不变 | 减弱 |
| | | | | A1.2.4 | 企业部门设置的变化 | | 不变 ● | 变化 |
| | | | | A1.2.1 | 企业经营理念的变化 | | 不变 ● | 变化 |
| | A1.1 企业外部 风险影响因素状态 | | ● | A1.1.4 | 区域劳动力构成及劳动力成本变化 | 小于 | 参考值 | ● 大于 |
| | | | | A1.1.3 | 区域自然条件及物产资源变化 | 小于 | 参考值 ● | 大于 |
| | | | | A1.1.5 | 客户及其他利益相关者诉求的变化 | 有利 | 不变 | 不利 |
| | | | | A1.1.6 | 主要竞争对手经营策略的变化 | 有利 | 借鉴 | 不利 |
| | | | | A1.1.2 | 区域政策法规的变化 | 有利 ● | 不变 | 不利 |
| | | | | A1.1.1 | 区域整体经济形势变化 | 走高 | 不变 | 走低 |

（4）步骤 4：一级评价指标测度

依照二级评价指标的测度结果，在 3 项二级指标中，1 项显示为较活跃，1 项显示为常态，1 项显示为活跃，综合变化指标数量和指标权重，可将一级指标 A1 判定为较活跃（表 4-13）。

当一级指标测度完成后，可对该项风险传导要素作出结论：经测度，可将设计风险源风险状态判定为较活跃，其活跃风险因子主要集中在二级指标 A1.1、A1.3 中，应对显示为有害的三级指标加强管理措施，从而将风险源风险状态调整到常态；如有害三级指标数量进一步增加，则可将风险源风险状态调整为活跃，说明此时的风险因子有很强的活性，极易与风险传导载体结合，形成风险流。

企业产品创新设计风险源风险状态测度步骤 4　　　　　表 4-13

| 一级指标 | 二级指标 | 常态 | 活跃 | 三级指标 | | 无害 | | 有害 |
|---|---|---|---|---|---|---|---|---|
| A1<br>设计风险源<br>风险状态<br>常态　活跃 | A1.3<br>设计组织自身　风险<br>影响因素状态 | | ● | A1.3.1 | 设计组织人员数量、结构的变化 | 不变 | | 变化 ● |
| | | | | A1.3.3 | 设计组织业务质量的变化 | 增强 ● | 不变 | 减弱 |
| | | | | A1.3.2 | 设计组织业务流程的变化 | ● 不变 | | 变化 |
| | A1.2<br>企业内部　风险影响<br>因素状态 | ● | | A1.2.2 | 企业资金规模的变化 | 大于 | 参考值 | 小于 |
| | | | | A1.2.3 | 企业技术实力及设备工艺的变化 | 增强 ● | 不变 | 减弱 |
| | | | | A1.2.4 | 企业部门设置的变化 | ● 不变 | | 变化 |
| | | | | A1.2.1 | 企业经营理念的变化 | ● 不变 | | 变化 |
| | A1.1<br>企业外部　风险影响<br>因素状态 | | ● | A1.1.4 | 区域劳动力构成及劳动力成本变化 | 小于 | 参考值 | ● 大于 |
| | | | | A1.1.3 | 区域自然条件及物产资源变化 | 小于 | 参考值 | 大于 |
| | | | | A1.1.5 | 客户及其他利益相关者诉求的变化 | 有利 | 不变 | 不利 |
| | | | | A1.1.6 | 主要竞争对手经营策略的变化 | 有利 | 借鉴 | 不利 |
| | | | | A1.1.2 | 区域政策法规的变化 | 有利 ● | 不变 | 不利 |
| | | | | A1.1.1 | 区域整体经济形势变化 | 走高 | 不变 | 走低 |

按照该测度及判断方法，可对设计风险源风险状态、设计风险载体风险携带能力、设计风险传导路径传导能力、设计风险接受体抗风险能力四项关键指标进行测度（图4-3），得出设计风险传导的总体性态，有利于采取相应的风险管理措施。

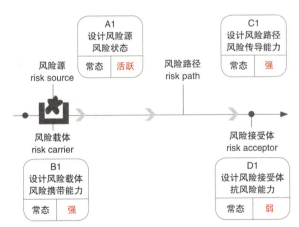

图 4-3　企业产品创新设计风险传导关键指标性态示意图

## 产品创新设计风险传导的控制策略及基本原则

1. 科学性原则

企业产品创新设计的决策者、具体管理者、设计师和其他密切相关人员，共同构成了产品创新活动的主体。在企业规模小、人员数量少的企业发展初期阶段，业务流程和人员构成相对简单，因此决策者的主观判断往往可能收获一定的管理效果，但随着企业不断地发展壮大，决策者个人能力和智慧显得越来越力不从心，尤其是在应对企业产品创新设计风险，这一事关重大、专业性强、结构严密复杂的具体风险问题时更是束手无策。企业产品创新设计是一项系统性、流程性极强的创造性活动，其中既要有敢于突破常规、勇于尝试、探索未知的魄力，又需要将这一创造性活动建立在客观的、企业能够承受的风险范围之内，这就需要产品创新设计活动本身以及广泛的参与者共同秉持科学性原则，在科学分析的基础上建立科学的管理体系和应对策略。

2. 经济性原则

任何一项企业"管理行为"[1]都需要衡量其经济性，产品创新设计风险控制也不例外。因为企业管理行为牵涉到各种成本的付出，当付出的成本之和大于风险带来的损失之和时，对于企业来说这是一种资源的浪费；而管理成本过低，不足以控制风险，则会使企业遭受不必要的风险损失。因此需要在一定的风险管理成本投入下，尽可能减少或消除损失额度较大的风险。在此，可采用差额法来评价设计风险传导控制措施的经济性，即通过估算可挽回损失的额度与为了提高管理水平所投入的增加值来评价其经济性，两者比值越大则经济性越好，反之则越差。

3. 适当控制原则

企业产品创新设计风险传导控制的适当性，可以体现在适度性、适时性两方面。适度性是指，对于设计风险传导的管理，因需要调动企业资源、付出管理成本，因此要衡量其经济性，既要做到未雨绸缪、消除隐患，又要兼顾效率

---

[1] "管理行为"：管理是指通过计划、组织、领导、控制及创新等手段，结合人力、物力、财力、信息等资源，以期高效地达到组织目标的过程。管理行为包括计划、组织、领导、控制及创新等。

和成本，过度干预和不作为都是不适当的管理行为。适时性是指，往往风险管理介入越早，对风险的控制越有利、越容易减少风险损失、对企业的影响越小。同时，企业产品创新设计受到时间、空间、各种主客观因素的影响，其风险具有动态性，因此没有一种风险管理办法是一劳永逸的，需要在科学分析的基础上适时介入，或适时调整管理办法。

4. 全面性原则

企业产品创新设计是一项系统工程，结构严密、流程性强，各种风险因素就是在这一复杂系统中传导的。"头痛医头、脚痛医脚"的局部风险管理措施，只能对局部产生效果，并不能有效解决全面的风险问题，甚至会出现"顾此失彼"、"拆东墙补西墙"的负面结果。因此需要特别强调设计风险传导控制的全面性，应在全局观念的指导下，制定全面、系统、经济、高效的风险控制策略。

### 基于一般风险管理措施的设计风险传导控制策略

在管理学中，风险管理通常采用的管理措施有：风险避免、风险预防、风险抑制、风险自留和风险转移，前3种属于"控制型风险管理"[1]方式，后2种属于"财务型风险管理"[2]方式。企业产品创新设计风险传导的风险控制，可依照上述5种一般风险管理措施，结合"设计风险观"中的6种设计风险表现形式，制定相应的风险控制策略。

1. 风险避免，即设法完全回避损失发生的可能，这种风险管理技巧通常在企业面对特定的，发生频率高、强度大的风险时使用，目的是从根本上消除特定风险的产生，如企业为了避免损失而不涉足高风险行业。从该种风险管理措施的应用范围来看，适用于设计的战略和目标风险，从产品创新设计流程图上来看，设计战略与目标居于整个流程的前列，设计战略是整个设计实施的总体

---

[1] "控制型风险管理"：控制型风险管理的主要目的是降低风险发生的频率、减小损失程度，其重点在于通过改变容易诱发风险的各种条件从而避免风险产生。

[2] "财务型风险管理"：财务型风险管理则主要是通过建立基金、投保、借助风险投资等方式达到消化或转移风险损失的目的。

纲领，设计目标是设计实施的导向和计划过程的起点，要从根本上消除某种特定风险，务必在制定设计的战略和目标时就充分体现（图4-4）。

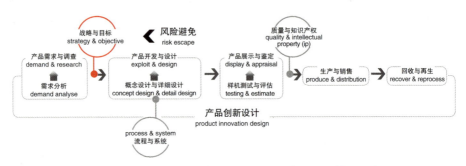

图4-4　基于一般风险管理措施的设计风险传导控制策略示意图1

2.风险预防，是通过消除和减少诱发风险产生的因素，从而达到降低风险概率的目的，这种管理技巧通常用来应对发生频率高、强度小的风险。企业通过对业务流程的梳理，运用图表法和列举法找出业务流程中诱发风险产生的因素，进而通过加强人员管理、提高业务技能、优化生产流程等方式消除或减少诱发风险的因素。该种风险管理措施强调对业务流程的梳理和优化，因此适用于设计流程与系统风险（图4-5）。

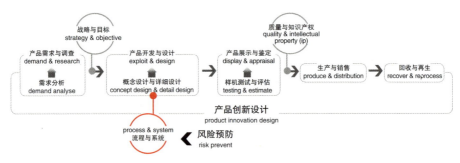

图4-5　基于一般风险管理措施的设计风险传导控制策略示意图2

3. 风险抑制，是指当风险发生时或发生之后，为了减小损失幅度而采取的各种措施。风险抑制是一种切实可行的风险管理技巧，往往用于应对企业无法避免的、强度较大的风险类型。如企业事先制订应急预案，当风险发生时可以有条不紊地切实推进；再如将风险单位分割成相对独立的单元，也能有效避免损失的扩大。该种风险管理措施并不局限于产品创新设计的某个环节，而应该作为一种长效机制，建立在各环节节点上，形成阻碍设计风险传递和扩大的屏障（图 4-6）。

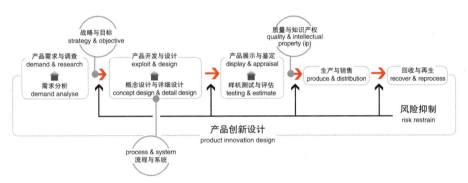

图 4-6　基于一般风险管理措施的设计风险传导控制策略示意图 3

4. 风险自留，是指企业单位自行承担风险损失，一般用于应对发生频率低、强度较小的风险，因风险产生的损失较小，不至于影响企业的财务稳定和正常经营活动，因此无须采用其他高成本的风险管理办法。如将小额损失纳入生产经营成本，当损失发生时可用企业收益补偿，或通过建立基金和成立自保部门的方法加以应对。该种风险管理措施，建立在设计流程各环节业务主体自身抗风险能力的基础上，抗风险能力越强，则风险自留的余地越大，各环节业务主体分解、消化设计风险的效果越好。风险自留可作为各环节业务主体能力建设的指标提出，要求其达到一定的风险自留能力，以提高设计系统整体的抗风险能力（图 4-7）。

无风险　不设计——设计风险管理

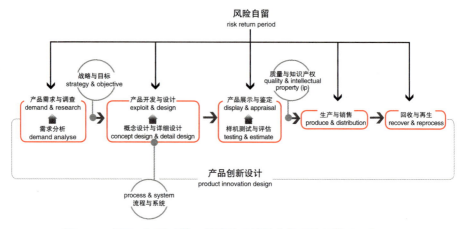

图 4-7　基于一般风险管理措施的设计风险传导控制策略示意图 4

5. 风险转移，是指企业单位或个人为了避免风险损失，有意识地将风险损失全部或部分转移给另一单位或个人。在实际操作中，企业会根据风险的类型和风险损失的大小，将不可回避的、损失额度大的风险尽可能转移，将不能转移、损失额度小的风险自留。风险转移通常的做法有保险转移和非保险转移：企业通过对特定风险投保，向保险公司支付保费，当风险发生时由保险公司补偿企业损失；或企业将具有风险的生产经营活动外包，通过在合同中明确风险损失由承包方承担，从而达到风险转移的目的。该种风险管理措施，在产品创新设计风险中，特别适用于事关各种质量指标等可以量化和明确化的风险问题。如企业可将产品设计、制造通过委托、代工等形式以转移设计质量、产品质量风险；获取产品知识产权，当产品遭受侵权等风险损害时，通过知识产权保护体系和法律手段来挽回损失、确保权益（图 4-8）。

由此，可基于一般风险管理措施构建出产品创新设计风险传导控制策略的大体框架，针对不同表现形式的设计风险，采取相应的风险控制措施（图 4-9）。设计风险传导的管理是一项系统工程，不仅包含具体的风险控制策略，还应包含提升设计系统整体抗风险能力的措施和办法。

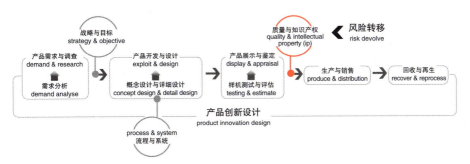

图 4-8 基于一般风险管理措施的设计风险传导控制策略示意图 5

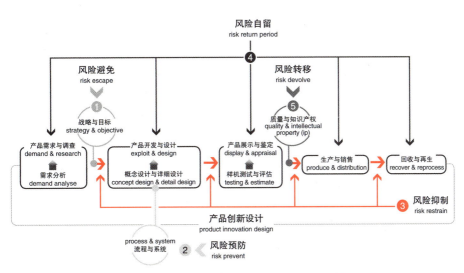

图 4-9 基于一般风险管理措施的设计风险传导控制策略示意图 6

## 基于设计风险传导动态耦合性的设计风险传导控制策略

通过对设计风险纯耦合、弱耦合、强耦合等动态耦合的分析，其目的是要充分认识产品创新设计风险在传导中的运动状态及其形成规律，从而采取有效的防范和控制手段，实现风险强耦合、纯耦合向弱耦合性态转化，使耦合后的风险量减小（图 4-10），从而降低产品创新设计风险，使风险损失最小化。本文认为，最重要的举措是提高产品创新设计各个环节的缓冲能力、适应能力和创新能力。

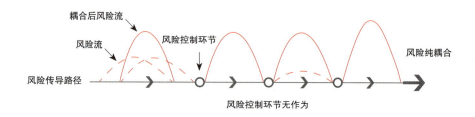

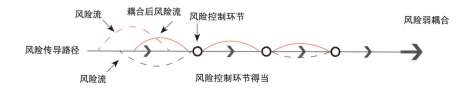

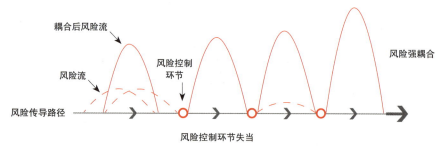

图 4-10　设计风险传导风险动态耦合示意图

1. 构建缓冲能力

缓冲能力是一种"以不变应万变"的能力，是系统抵御环境变化的一种功能。

产品创新设计的缓冲能力,是指产品创新设计系统所具有的设计思维、设计能力、设计方法、设计手段等的富余水平。它通常分为实物缓冲、能力缓冲和时间缓冲[1]。实物缓冲是产品创新设计系统为处理外部不确定性而进行的各种实物储备,如设备、物料、硬件设施等;能力缓冲是指为防备外部不确定性而在产品创新设计系统诸要素方面所设置的富余能力,如人员素质、技术手段、工艺方法等;时间缓冲是指为处理各种不确定性而在时间上设置的保险期,如对各业务成果进行论证、修改、方案对接实施等需要预留出相应的时间。不断提高产品创新设计的缓冲能力,就能较好地抵御环境变化对产品创新设计系统的侵蚀,从而防范、控制、化解各种风险,使风险的强耦合、纯耦合向弱耦合转化。

2. 提升适应能力

适应能力是一种"以变应变"的能力。产品创新设计的适应能力,是指当环境发生变化时,产品创新设计系统在不改变其基本特征的前提下,作出相应的调整,以适应环境变化的能力[2]。适应能力的大小取决于"以变应变"这种"变"的速度和范围。"变"的速度取决于环境变化时,"不确定性"信息能变为产品创新设计指令所需要的时间以及产品创新设计指令发出并实现所需要的时间;"变"的范围取决于产品创新设计的原则、方法、手段、能力等变化的均衡度。生物界存在着"适者生存法则",产品创新设计面临着适应内外环境变化,适时地用活、用好人力、物力、财力,是使风险强耦合、纯耦合向弱耦合转化的关键。

3. 培育创新能力

创新能力是系统采用新行为、新举措,影响外部环境和改变内部条件的能力,是一种"主动求变"的能力。产品创新设计的创新能力,是指产品创新设计不仅要快速应变,而且要主动求变,要积极地影响环境,使环境朝着有利于自己的一面变化发展[3]。产品创新设计要有超前性、预见性和引领性,从而规避、预

---

[1] 邓俊.产品创新设计风险传导中的风险动态耦合研究[J].美术大观,2010:113.

[2] 邓俊.产品创新设计风险传导中的风险动态耦合研究[J].美术大观,2010:113.

[3] 邓俊.产品创新设计风险传导中的风险动态耦合研究[J].美术大观,2010:113.

警各种内外部环境的变化。

设计的缓冲能力、适应能力和创新能力是控制产品创新设计风险动态耦合的关键要素。缓冲能力是产品创新设计具有的吸收或减少环境变化对系统影响的能力；适应能力是产品创新设计具有的随环境变化而快速适应变化的能力；创新能力是产品创新设计具有的积极影响企业内外部环境的能力，它们是使设计风险的强耦合、纯耦合向弱耦合转化的有效能力。

以下谈谈基于设计风险传导关键指标评价体系的设计风险控制策略。

研究设计风险传导理论的出发点，是将看似纷繁复杂的设计风险问题，通过逻辑化的梳理，提炼出设计风险从发生到消灭的一系列过程中的关键要素，针对关键要素建立相应的指标评价体系，发现风险发生的源头、观察风险发生的形式、总结风险发生的规律，从而有利于建立有效的设计风险控制策略。

风险源中风险因子的活跃程度，决定了风险发生的概率；风险载体的风险携带能力，决定了其所能携带风险量的大小；风险路径的传导能力，决定了风险流传导的速度和流量；风险阈值的高低则反映了风险接受体的抗风险能力。因此，风险源/风险因子、风险载体、风险路径、风险接受体，是整个设计风险传导过程中的4项关键要素。在前文中，将这4项关键要素转化成为4项关键评价指标（图4-3），分别建立相应的评价指标体系，并重点阐述了基于评价指标体系的风险识别、风险测度和风险判断过程。通过对这4项关键指标的识别和测度，可以获得设计风险传导整体性态的判断，从而采取相应的风险管理措施。

1. 控制风险源

当设计风险源风险状态显示为活跃时，说明风险因子处于不稳定状态，极易与风险载体结合形成风险流，风险发生的概率升高。因此需要采取控制风险源的应对措施，即通过各种管理手段，控制和转化引起风险因子活跃的内外部条件，使风险因子保持在不活跃状态。

改变设计风险因子的活跃程度，可借助设计风险源风险状态评价指标体系（表4-14），通过对该指标体系中三级指标的管理，使三级指标的状态朝着有利于降低风险因子活性的方向发展，进而影响二级、一级指标，达到调节风险因子活跃程度的目的。

### 企业产品创新设计风险源风险状态识别对照表　　　　表4-14

| 一级指标 | | 二级指标 | 常态 | 活跃 | 三级指标 | | 无害 | | 有害 |
|---|---|---|---|---|---|---|---|---|---|
| 常态 | 活跃 | | | | A1.1.1 | 区域整体经济形势变化 | 走高 | 不变 | 走低 |
| | | A1.1 企业外部 风险影响因素状态 | | | A1.1.2 | 区域政策法规的变化 | 有利 | 不变 | 不利 |
| | | | | | A1.1.3 | 区域自然条件及物产资源变化 | 小于 | 参考值 | 大于 |
| | | | | | A1.1.4 | 区域劳动力构成及劳动力成本变化 | 小于 | 参考值 | 大于 |
| | | | | | A1.1.5 | 客户及其他利益相关者诉求的变化 | 有利 | 不变 | 不利 |
| A1 设计风险源风险状态 | | | | | A1.1.6 | 主要竞争对手经营策略的变化 | 有利 | 借鉴 | 不利 |
| | | A1.2 企业内部 风险影响因素状态 | | | A1.2.1 | 企业经营理念的变化 | | 不变 | 变化 |
| | | | | | A1.2.2 | 企业资金规模的变化 | 大于 | 参考值 | 小于 |
| | | | | | A1.2.3 | 企业技术实力及设备工艺的变化 | 增强 | 不变 | 减弱 |
| | | | | | A1.2.4 | 企业部门设置的变化 | | 不变 | 变化 |
| | | A1.3 设计组织自身 风险影响因素状态 | | | A1.3.1 | 设计组织人员数量、结构的变化 | | 不变 | 变化 |
| | | | | | A1.3.2 | 设计组织业务流程的变化 | | 不变 | 变化 |
| | | | | | A1.3.3 | 设计组织业务质量的变化 | 增强 | 不变 | 减弱 |

以实施产品创新设计的企业、单位为主体，设计风险源风险状态的若干影响因素中，既有客观因素，如企业外部风险影响因素，是难以通过企业自身努力而改变状态的，也有主观因素，如企业内部、设计组织自身风险影响因素，是易于通过企业自身调整而改变状态的。

在面对客观风险因素时，企业需要顺应形势发展的需求，适时采取应对策略。如区域整体经济形势走低，市场消费能力减弱，企业依靠自身努力无法扭转这种局面，则应该采取相对保守的发展策略，放缓或停止部分市场前景不明朗的新产品研发，转而将更多企业资源投入市场前景相对明朗、适销对路的新产品研发项目上，从而保障企业发展的整体态势。再如区域劳动力成本上涨，对企业既定利润目标产生影响，则可根据实际情况采取多种应对策略：如在经济走势良好的前提下，适当调高产品售价；产品售价不变，企业自身消化成本上涨，适当下调利润目标；综合考虑劳动力、物流、政策、税收等因素，跨区域选择劳动力成本更低的加工地等。

### 无风险　不设计——设计风险管理

在面对主观风险因素时，企业需要对各种内部要素常抓不懈，始终将各种影响指标控制在无害或有利的水平。如企业经营理念发生变化，会对企业一系列生产经营活动造成影响，增加不确定性，因此经营理念应尽量保持其一贯性、延续性，将其变化的频率和幅度控制在尽可能低的水平；再如设计组织业务质量，应始终将其维持在高水平并不断增长，为企业发展提供有力支撑。

总体来说，客观风险因素的管理强调灵活性，企业及设计组织应时刻关注各种指标的变化，当客观因素指标显示有害时，做到顺应形势、积极应对，在尽可能短的时间内作出调整，以减轻或消除风险影响。主观风险因素的管理强调一贯性，可对各种主观因素指标设定管理目标，建立长效管理机制。

因此，控制风险源的风险管理措施，是借助设计风险源风险状态评价指标体系，通过对评价指标体系中各级指标的调控，使之向有利于减少风险发生的方向发展，达到预防、控制设计风险发生的目的，由此得出设计风险源控制措施对照表（表4-15）。

企业产品创新设计风险源控制措施对照表　　　表4-15

| 一级指标 | 二级指标 | 管理目标 | 三级指标 | | 管理目标 | 管理措施 |
|---|---|---|---|---|---|---|
| A1 设计风险源风险状态 **不活跃** | A1.1 企业外部 风险影响因素状态 | 不活跃 | A1.1.1 | 区域整体经济形势变化 | 顺应形势 积极应对 灵活调整 | 确保稳妥，发展适度，反对冒进 |
| | | | A1.1.2 | 区域政策法规的变化 | | 遵守法规，迅速调整 |
| | | | A1.1.3 | 区域自然条件及物产资源变化 | | ①提高售价 ②自我消化 ③跨区域选择 ④调整盈利模式 |
| | | | A1.1.4 | 区域劳动力构成及劳动力成本变化 | | |
| | | | A1.1.5 | 客户及其他利益相关者诉求的变化 | | 遵循变化，调整盈利点/模式，强调共赢 |
| | | | A1.1.6 | 主要竞争对手经营策略的变化 | | 参考分析，适时调整 |
| | A1.2 企业内部 风险影响因素状态 | 不活跃 | A1.2.1 | 企业经营理念的变化 | 不变 | 保持一贯性，控制调整频率及变化幅度 |
| | | | A1.2.2 | 企业资金规模的变化 | 大于 参考值 | 保持增长规模，适度发展 |
| | | | A1.2.3 | 企业技术实力及设备工艺的变化 | 增强 不变 | 保持先进性，适度更新 |
| | | | A1.2.4 | 企业部门设置的变化 | 不变 | |
| | A1.3 设计组织自身 风险影响因素状态 | 不活跃 | A1.3.1 | 设计组织人员数量、结构的变化 | 不变 | 保持稳定性，控制调整频率及变化幅度 |
| | | | A1.3.2 | 设计组织业务流程的变化 | 不变 | |
| | | | A1.3.3 | 设计组织业务质量的变化 | 增强 不变 | 保持稳定性，适度增强 |

## 2. 截留风险载体

当设计风险载体风险携带能力显示为强时，说明风险载体容易携带风险因子形成风险流、所携带的风险量大，并沿着风险路径向风险接受体传递。因此需要采取截留风险载体的应对措施，即通过各种管理手段，控制和转化引起风险载体风险携带能力增强的内外部条件，削弱其风险携带能力。依照设计风险载体风险携带能力评价指标体系，可得出设计风险载体控制措施对照表（表4-16）。

**企业产品创新设计风险载体控制措施对照表**　　　表4-16

| 一级指标 | 二级指标 | 管理目标 | 三级指标 | 管理目标 | 管理措施 |
|---|---|---|---|---|---|
| 管理目标 | B1.1 人员载体风险携带能力 | 弱 | B1.1.1 企业/设计组织人员规模及结构合理性 | 好 | 人员规模、结构与企业发展需求相适应 |
| | | | B1.1.2 企业针对设计组织人员管理制度的完善程度 | 好 | 保证设计组织人员配合默契，工作有序、高效 |
| | | | B1.1.3 设计组织设置的合理性 | 好 | 最大限度地发挥设计组织效能 |
| B1 设计风险载体风险携带能力 弱 | B1.2 设备载体风险携带能力 | 弱 | B1.2.1 生产加工设备的安全性及稳定性 | 小于参考值 | ①选择知名品牌；②加强人员培训；③加强监管力度；④适度更新设备 |
| | | | B1.2.2 生产加工设备的易用性及先进性 | 好 | |
| | | | B1.2.3 生产加工设备的维护及保障程度 | 好 | |
| | B1.3 资金载体风险携带能力 | 弱 | B1.3.1 流动资金的规模 | 大于参考值 | 保证资金规模，设立风险准备金 |
| | | | B1.3.2 资金往来所经历的环节数量 | 小于参考值 | 保证质量的前提下，减少环节数量 |
| | | | B1.3.3 资金保障体系的完善程度 | 好 | 加强财务监管，设立保险制度 |
| | B1.4 信息载体风险携带能力 | 弱 | B1.4.1 信息的完备及清晰程度 | 好 | 保证信息完整、清晰；建立信息反馈制度 |
| | | | B1.4.2 信息发布的形式及传播过程中节点的数量 | 小于参考值 | 减少信息传播过程中节点数量 |
| | | | B1.4.3 信息获取来源及发布渠道的权威性 | 是 | 选择威媒体、部门发布/获取信息；建立发言人制度 |
| | B1.5 技术载体风险携带能力 | 弱 | B1.5.1 技术的时效性 | 长 | 选用时效性较长的技术 |
| | | | B1.5.2 技术的可操作性 | 强 | 选用可操作性较强的技术 |
| | | | B1.5.3 技术的延展性 | 小于参考值 | 考察其科学性、合理性；适度控制其应用范围 |
| | B1.6 理念载体风险携带能力 | 弱 | B1.6.1 理念的先进性 | 好 | ①参考成功经验；②建立智囊团/专家评议组；③应用效果作为评判依据；④结合企业实际 |
| | | | B1.6.2 理念的完备程度 | 好 | |
| | | | B1.6.3 理念的适用程度 | 好 | |

## 3. 斩断风险路径

当设计风险路径风险传导能力显示为强时，说明容易使风险流通、流通速度快、所能传导的风险量大，增加了风险接受体抵御风险的难度。因此需要采取斩断风险路径的应对措施，即通过各种管理手段，控制和转化引起风险传导路径风险传导能力增强的内外部条件，削弱其风险传导能力。依照设计风险路径风险传导能力评价指标体系，可得出设计风险路径控制措施对照表（表4-17）。

企业产品创新设计风险路径控制措施对照表　　　　表4-17

| 一级指标 | 二级指标 | 管理目标 | 三级指标 | | 管理目标 | 管理措施 |
|---|---|---|---|---|---|---|
| 管理目标 C1 设计风险路径风险传导能力 弱 | C1.1 设计业务流程风险传导能力 | 弱 | C1.1.1 | 设计业务流程形式 | 简约 | 精简业务流程 |
| | | | C1.1.2 | 设计业务流程环节数量 | 小于(参考值) | 减少流程环节 |
| | | | C1.1.3 | 设计业务流程各环节业务处理时间 | 小于(参考值) 保证业务质量的前提下 | 缩短处理时间 |
| | | | C1.1.4 | 设计业务流程与外界相关程度 | 低 | 降低相关程度 |
| | C1.2 企业相关利益链风险传导能力 | 弱 | C1.2.1 | 利益链上每一环节利益相关者数量 | 小于(参考值) | 减少利益相关者 |
| | | | C1.2.2 | 利益相关者矛盾冲突激烈程度 | 低 保证利润目标的前提下 | 降低矛盾冲突程度 |
| | | | C1.2.3 | 利益相关者联系的紧密度 | 低 | 降低联系紧密度 |
| | | | C1.2.4 | 利益相关者合作时的合同化程度 | 大于(参考值) | 提高合同化程度 |
| | C1.3 企业所在价值链风险传导能力 | 弱 | C1.3.1 | 价值链上合作者数量 | 小于(参考值) | 减少合作者数量 |
| | | | C1.3.2 | 价值链上共同创造价值的规模 | 小于(参考值) 保证价值贡献度的前提下 | 控制价值规模 |
| | | | C1.3.3 | 价值链上相关者联系的紧密度 | 低 | 降低联系紧密度 |
| | | | C1.3.4 | 价值链上相关者合作时的合同化程度 | 大于(参考值) | 提高合同化程度 |

4. 提高风险阈值

当设计风险接受体抗风险能力显示为弱时，说明其风险阈值低、风险约束能力差，容易被风险流突破、给风险接受体带来实际损失。因此需要采取提高风险阈值的应对措施，即通过各种管理手段，控制和转化引起风险接受体抗风险能力减弱的内外部条件，使其抗风险能力增强。依照设计风险接受体抗风险能力评价指标体系，可得出设计风险阈值控制措施对照表（表4-18）。

基于设计风险传导关键指标评价体系，可建立控制风险源、截留风险载体、斩断风险路径、提高风险阈值的综合风险控制策略（图4-11）。通过对设计风险传导关键要素的控制，使各要素保持相对独立，从而减小风险发生的几率或降低风险损害程度。但需要指出的是，设计风险传导的风险控制，有很强的系统

企业产品创新设计风险阈值控制措施对照表　　　　表 4-18

| 一级指标 | 二级指标 | 管理目标 | 三级指标 | | 管理目标 | 管理措施 | |
|---|---|---|---|---|---|---|---|
| 管理目标 | D1.1 设计组织在企业内部级别 | 高 | D1.1.1 | 设计组织领导者所处地位 | 高 | 提高设计组织领导者地位，参与企业重大决策 | |
| | | | D1.1.2 | 设计组织可获取企业资源的多少 | 大于(参考值) | 增加对设计组织的资源投入 | |
| | | | D1.1.3 | 设计组织健全程度 | 高 | 给予制度、资金、设备、人员等扶持 | |
| D1 设计风险接受体抗风险能力 强 | D1.2 设计组织人员整体素质水平 | 高 | D1.2.1 | 设计人员整体学历水平 | 大于(参考值) | 提高准入门槛；提供进修机会，提升整体水平 | |
| | | | D1.2.2 | 设计人员整体业务熟悉程度 | 大于(参考值) | 加强业务培训；稳定人员构成 | |
| | | | D1.2.3 | 设计人员整体业绩达成情况 | 大于(参考值) | 制定奖励/惩戒机制；绩效考核 | |
| | D1.3 设计流程合理程度 | 高 | D1.3.1 | 设计流程运行平稳程度 | 小于(参考值) | 熟悉业务流程，降低差错率 | |
| | | | D1.3.2 | 设计流程运行效率 | 小于(参考值) | 熟悉业务流程，流程再造 | |
| | | | D1.3.3 | 设计流程管理措施完善程度 | 高 | 提高流程管理水平；设置专管部门 | |
| | D1.4 设计组织与各利益相关体的利益冲突程度 | 低 | D1.4.1 | 设计组织利益相关数量 | 小于(参考值) | 保证利润目标的前提下 | 减少利益相关体 |
| | | | D1.4.2 | 设计组织与利益相关体联系紧密程度 | 低 | | 降低联系紧密程度 |
| | | | D1.4.3 | 设计组织与利益相关体利益一致性比例 | 大于(参考值) | | 提高一致性比例 |
| | D1.5 设计组织在价值链上的价值贡献度 | 高 | D1.5.1 | 设计组织单位时间有效设计方案贡献量 | 大于(参考值) | 提升设计业务水平，增加贡献量 | |
| | | | D1.5.2 | 设计成果销量 | 大于(参考值) | 提升设计组织综合水平，增加成果销量 | |

性，在实际管理过程中务必注意各种指标的相互关联；同时，由于风险因素的复杂性，可能出现各种评价指标好，而实际管理效果不好的情况，只有在不断摸索和长期实践的基础上，进一步修正、完善评价指标体系，补充、细化管理办法，才能达到"整体大于部分之和"的管理效果。

图 4-11　基于设计风险传导关键指标评价体系的综合管理策略

## 第五章　生活——依然斑斓

## 无风险　不设计——设计风险管理

满足人生活的需要是设计的最高理念，因此，决定的因素是人以及人的生活理念。不同的时代，人们有不同的生活理念，由此决定了人们不同的设计需求。人类的生活理念主要来自两个方面：功能需要、审美需要，这两者统一在用具上。功能通常指物质实用功能，在人类的生活中，它处于基础的地位，关系到人的生存与发展，因而一般来说，它是第一位的，但是，一个非常值得我们注意的人类学现象则是人类的生活理念向着审美理念凝练、转化并彰显。

这个过程，大体上可以作如下两个维度的理解。

第一，物质需求与精神需求的不平衡性，使得生活理念中，审美的地位往往超过或者压过功能。众所周知，在一定的条件下，人类的物质性需求（通常被理解为对功能性的需求）是有限的。而人类的精神性需求（审美本质上属精神需求）是无限的。拿生活用具来说，它本有功能与审美两个方面的需求，而在实用功能达到一定的程度之后，人类对用具的审美功能就立即蹿升，而且趋向无限追求的态势，手表就是突出一例。手表作为用具主要用于显示和记录时间，这一点，它早已达到相当精准的水平，然而，由于人们逐渐将手表看成是一种地位与财富的标志，于是，就在对它的审美上刻意求新。

第二，物质性需求与精神性需求的互化性，促使功能价值向审美价值转化。众所周知，物质和精神是可以相互转化的，这里，我们且不说精神转化为物质，就物质转化为精神来说，就包含由功能向审美的转化。人首先是功利的，器物的物质功能可以给人类带来功利，而使人感到快乐，这种快乐虽不完全是审美的，却是审美的前提与基础。器物能够给人带来功利，当然主要是它内在结构的巧妙，内在结构就其功利来说，可以理解成事物的"善"，而就其合乎规律性来说，可以理解为"真"，它们共同构成了事物的内容。这种内容不是精神性的存在，而是感性的、物质性的存在，器物的感性的、物质性的存在是器物内容的载体或者说存在的方式，而这就是形式。一方面是"真"与"善"相统一的内容决定了它的形式；另一方面，也可以说是这种形式保证了"真"与"善"相统一的内容。在器物的功能得到充分实现之后，人们自然就"爱屋及乌"，更多地关注它的形式了。对形式的关爱，从本质上来说，是审美。经过在心理上的内容向形式的如此变化，人类的生活理念最终竟然扩展为一种审美理念——对生活的审美理念。更重要的是，不论在理论上，还是在实现生活中，审美已然成为生活理念中最高的品位。

对生活的审美理念在人类文明进程中的作用是不可忽视的。

理所当然，它是人类文明发展的原动力。生活的审美理念决定着设计的审美理念，而设计的审美理念促使生产朝着有利于人生活的方向发展，从某种意义上说，是人们对生活的审美理念推动着生产力的发展和生产方式的变革，是人类的生活审美理念决定着文明的进程。

但是不可忽视的是，人类对生活的审美理念在相当程度上也影响着人与自然的关系，究其极端，则是破坏自然环境的元凶。生活理念决定生产，而生产是人与自然能量交换的中介，说是能量交换，其实这种交换是不平等的，自然是无比强大的，它其实不需要人，而是人需要自然。任何生产从本质上来看，都是对自然的索取，人从自然界索取大量的财富，虽然也有一些良性的回报，如吸进氧气，呼出二氧化碳，二氧化碳是植物所需要的。这种良性的回报很有限，而人类对自然的索取则是巨量的，这体现在对自然原有生态的破坏。

早期原始人为了生存和生活而展开的"自发的设计"，印证了设计与人类生产、生活的天然联系；现代人融入思想和方法的"自觉的设计"，突显出了理念对于设计的指导作用；可以说，设计贯穿了人类持续发展的文明史，融入了人类生活的各个角落，设计理念与生活理念高度相关。生活理念是个人对于生活内容与形式的认识和理解，并以此付诸实践；设计理念紧密围绕着人们的生活理念，从而创造出与之相适应的物质产品与服务。

从人类社会发展的历史阶段来看，封建时代、工业时代与后工业时代的生活理念各不相同，集中反映在人们对于"美"的追求上。迥异的生活理念催生出各异的设计理念，在这些设计理念的作用下，诞生出了时代感鲜明的各类产品和现象，也实实在在地改变着人类的生活状态和生存环境。

无风险　不设计——设计风险管理

## 像帝王将相般生活——以奢华为美的生活观

在人类文明的发展史上，权力是人类社会最重要的凝聚力。因为权力而产生原始社会的酋邦，由酋邦发展为封建制国家，各民族均有过自己的封建时代，虽然它们的体制有所不同，但不管哪种封建制国家都有一个共同的特点，就是等级制，等级实质是权力，权力决定等级，等级高低反映着权力的大小。

在我国古代，按照周制，天子以下为诸侯，诸侯分为公、侯、伯、子、男五等，诸侯国内又分上大夫、下大夫、上士、中士、下士凡五等。不同级别的诸侯国君，拥有的官员是不同的：天子有三公、九卿、二十七大夫、八十一元士；大国有卿三人，皆是由天子任命的，下大夫五人，上士二十七人；次国也有三卿，其中二人是天子任命的，一位是本国国王任命的，有下大夫五人，上士二十七人；下国有卿二人，都是本国国君任命的，也有下大夫五人，上士二十七人[1]。

不同级别的统治者拥有的生产资料是不一样的："天子之田方千里，公侯田方百里，伯七十里，子男五十里。不能五十里者，不合于天子，附于诸侯，曰附庸。天子之三公之田视公侯，天子之卿视伯，天子之大夫视子男，天子之元士视附庸。"[2] 田地是农耕社会最重要的生产资料，在周代就是按以上这样的比例分配的。

等级不仅决定生产资料的拥有量，还决定生活方式的规格。生活方式包括祭祀方式均是由礼制来决定的。西周时代，鼎作为最主要的礼器是成组地使用的，号称列鼎，鼎与簋通常配合使用（图5-1），天子九鼎八簋，诸侯七鼎六簋，大夫五鼎四簋，士三鼎二，这是祭祀的规格；日常饮食、娱乐同样也有讲究，像娱乐，古代舞蹈奏乐，八人为一行，谓之"佾"，天子用"八佾"，如果诸侯也用八佾，那就是破坏礼仪，犯上作乱。春秋时期，大夫季氏用了八佾，孔子听说了，

---

[1] 王文锦译解．礼记译解·王制第五（上册）．北京：中华书局，2001：159：，163.

[2] 王文锦译解．礼记译解·王制第五（上册）．北京：中华书局，2001：159.

非常生气,说是"是可忍也,孰不可忍也"[1]。以上所说是周代的统治阶级的生活理念,后来,虽然具体礼制有所变化,但等级制是不变的。

**图 5-1　饕餮纹三足鼎(商)、堇临簋(西周)**
(来源:故宫博物院)

值得我们高度注意的是,封建等级制最高级为君主,秦前称天子,秦始称皇帝。皇帝既然是国家最高的统治者,它不仅拥有最高的政治权力,同时也拥有国家全部的生产资源,反映在生活上,他可以穷奢极欲,任其所需。这种情况具有世界普遍性,欧洲中世纪晚期的某些君主也是极端专制、独裁的,法王路易十四就公然宣称"朕即国家"。皇帝的生活虽然是别人不能攀比的,却代表着一种生活的理想,一种至高的生活审美理念,这种理念可以称之为"奢华"。奢华的程度是由权力来决定的,另一方面权力又是由奢华的程度来体现的。君主为一国之最高权力者,在生活中,一般来说也是最为奢华的。

封建时代的生活理念是"以奢华为美"。要求通过极为高档的用料、繁复的工艺和漫长的制作周期来满足权贵们奢靡生活中的各项物质需求,以此彰显其权力和等级。这种生活理念的确立并成为主导,是由当时的社会制度以及生产力水平所决定的。封建时代,其生产方式是以生产资料的封建所有制为基础,以个体生产和手工工具为特征的。在当时,从帝王将相等特权阶级到封建领主、地主阶级,由于占据着生产资料,主要是对土地的占有,构建出森严的封建等级,享受着与之等级相适应的生活资料,并占据着绝大部分社会资源;而处于底

---

[1] 杨伯峻.论语译注·八佾篇第三.北京:中华书局,1980:23.

层的农奴、农民阶级，由于不享有生产资料而成为被剥削和压迫的对象，其掌握的生活资料匮乏、生活水平低下。在封建王权这一根本政治制度没有瓦解之前，生产力水平的提升并不能惠及普通民众，而是刺激了处于金字塔尖的特权阶级对于物质追求的进一步升级，巩固和扩展既有的特权是特权阶级的普遍思维方式，因此造就了当时具有代表性的生活理念以及随之产生的设计理念。

封建社会的设计的突出特点是求精求绝。由于封建时代的工艺制作主要是手工劳动，因此，就在手工劳动中求精求绝，所谓精，就是精致、精巧、精细，至于花多少劳动力、多少时间，那是完全忽略不计的，一张雕花木床用上年把时间，那是再正常不过的事；绝，指独一无二，不可复制。用今天的眼光来审视当时，并不存在现代意义上的设计者，当时的设计者普遍是以小商贩、手工业者、农民等形式出现的。在封建王权的时代，这些处于社会底层的人们并不具有完全的人身自由，且饱受思想的禁锢，不可能产生影响甚至撼动当时主流生活理念的设计理念，这个时期的设计理念完全依附于生活理念，当优秀的设计者被统治阶级所垄断时，这些设计者的设计理念则完全反应统治阶级的生活理念。统治阶级的思想即是占统治地位的思想，所以，即使普通劳动者无法享受奢华的生活，却是以此为向往的。

在封建时代，普通个人的价值是渺小的，其价值体现在为统治阶层创造价值；底层民众的地位是卑微的，其社会地位并不以其创造价值的多寡而得到根本性的改变。而对于自然环境来说，即使在当时普遍敬畏自然、崇拜自然的观念下，为了满足王侯将相们的奢欲仍付出了巨大的代价。在当时以"奢华为美"的生活理念的影响之下，所表现出的生活状态与设计理念，既不尊重人的价值也不尊重自然的价值。

首先是对人力资源的极端浪费，漠视人的生命。许多艺人为制造一件皇家用品，几乎耗尽毕生的精力，那些让人惊叹的所谓绝技，是多少代劳动者的生命换来的，而现在看来，也不过是雕虫小技，按今日的审美标准，其实是不可取的。在封建社会，对人力资源是最为忽视的，这且不论，我们这里要谈的，则是对自然资源的浪费与对环境的破坏，特别要提出的是最高统治者对生活的穷奢极欲所造成的对优质的自然资源的浪费。

## 第五章 生活——依然斑斓

明代北京皇宫堪称当时世界最宏伟的木体建筑群，是最高统治者生活与工作的场所，宏伟之致，壮丽之致。为了建成世上独一无二的最好的宫殿，建筑材料就必然特别的讲究，所需的木材，大多采自四川、广西、广东、云南、贵州等地，无数劳动人民被迫在崇山峻岭中的原始森林里伐运木材。建成于明永乐十八年（1420年）的北京皇宫，曾遭遇三次火灾，统治者一意孤行，坚持重建，这等于修建了三座皇宫。资源消耗不可计量，由于所需木料极多，几乎耗尽了优质的楠木资源，明嘉靖朝的重建，已经难以找到合乎标准的巨粗楠木，不得不采用"中心一根，外辏八瓣共成一柱"的做法或者由杉木取而代之。

再说玉，这也是极为珍贵的自然资源，中国史前就有玩玉的传统，玩玉一直是统治者的专利（图5-2）。据史载，明代官商每年经营玉石约5000斤，全是和田玉。明代的统治者玩玉已经够得上奢华了，然而相比清朝，又是小巫见大巫。清代的皇帝均是玉石的大玩家，乾隆尤甚。皇家爱玉，自然得保障玉石的供应，清乾隆二十五年（1760年）之后，新疆的回部每年向朝廷进贡和田玉4000斤。自乾隆二十五年到嘉庆十七年（1812年）共53年间，新疆进贡的和田玉多达20万斤。众所周知，和田玉是玉中极品，早在史前，它就成为原始部落、部族首领的喜爱之物，进入文明社会后，它也一直是贡品，这种传统一直到清帝逊位，民国成立，才结束了和田玉长达4000年的作为帝王玉的历史[1]。由于统治者的极度消费，和田玉现在已经相当稀缺了。

**图 5-2　龙纹玉瑗（春秋）、龙凤纹玉佩（明）、玉扳指（清）**
（来源：河南博物馆、台北故宫博物院）

---

[1] 杨伯玉. 杨伯玉论玉. 北京：紫禁城出版社，2006：117.

## 像商界巨贾般生活——以财富拥有为美的生活观

工业革命标志着人类社会发展史上一个全新时代的开始,这场由英国率先开启的重大变革迅速蔓延至全球,工业化在不同的国家和地区展开,而国家和地区间的差异使得这一发展进程极不均衡,即使时至今日仍有部分国家并未实现工业化,但并不妨碍这一重大变革将我们所处的世界从农业文明推向一个新的文明形态,意大利经济史学家齐波拉感叹道"从那时起,世界不再是以前的世界了。"工业革命是人类发展史上伟大的飞跃,它对于社会生产力的提升创造出了巨量的社会财富,也全面地影响了人类社会的各个方面,包括经济、政治、文化、精神、社会结构和人类的生产、生活方式。

在工业时代,封建王权已不复存在,生产资料不再被特权阶级所占有,以往权贵阶层所掌握的大量社会资源流向民间;同时,随着工业化大生产模式的诞生,生产力水平极大提升,生活资料也随之极大丰富,普通大众开始真正享有生产力水平提升所带来的丰硕成果。随着工业化的发展和深入,一种新的文明形态开始产生,即是未来学家托夫勒所言的第二次浪潮文明——工业文明。这一文明形态贯穿着劳动方式最优化、劳动分工精细化、劳动节奏同步化、劳动组织集中化、生产规模化和经济集权化六大基本原则,而这些原则所反映的是人类社会在此时期的深刻变革,其中最显著的变革是对封建时代等级观念的革除。工业社会的起因和构成决定其是一个依赖持续的经济增长而生存的社会,经济的增长离不开创新、高效率的生产和发达、细化的社会分工。在工业社会中,职业的形式和内容较之以往有了海量的扩充,即使某种职业只是短暂地存在,而正是这种变化使得原有的职业壁垒被打破,人们已经习惯于根据自己的追求和社会需要而随时变更自己的职业和社会角色,职业的流动性保障了社会发展所需的动力,更催生出一个重要的副产品——平等。这种平等最开始是从职业平等开始的,职业平等即是从业者只有社会分工和社会阶级的差异,而没有等级的差异,因为前者是具备流动性的,而等级是固定和僵化的。随之而来的是

## 第五章 生活——依然斑斓

社会各阶层在政治、法律、道德上的平等,因此,工业社会中的成员不再是王公贵族与庶民,他们都是公民。

公民意识的确立宣告了传统意义上等级观念的终结,世界范围内人们的自由和权力得到了极大的扩展,普通人的个人价值也开始得到认同,其社会地位可以通过个人努力而获得根本性的改变,这与封建时代相比是巨大的进步。虽然社会公民享有广泛的平等,但财富的差异,甚至是巨大差异却是客观存在的。人们的社会地位不再以其政治地位来划分,而以财富的拥有量来衡量,因此,人们视财富的拥有为最大满足——"以财富拥有为美"。在这种生活理念的驱使下,人们以获得更丰厚的经济利益为追逐目标,以高额的物质消费为表现形式,开始追求前卫与时髦,并以此标榜其所谓的成功。

此时,伴随着工业革命一路成长起来的现代设计已经极大地丰富与完善,诞生了职业设计师群体,也诞生了一系列时至今日都十分重要的设计思潮,设计已然和工业时代的经济、社会发展紧密地捆绑在一起。作为市场经济体系中的基本单位和构成主体,企业认识到设计对于创造财富的巨大推动力,在相当长的历史阶段内,设计是产品形式的供应者,是为企业牟利的工具,是刺激消费的手段。在这一阶段,设计理念追随于生活理念,而在一味强调经济发展的大背景下,一些反主流思潮的设计理念并未获得足够的重视,其影响力是十分微弱的。此时的设计只为创造财富,刺激消费。

工业文明仍是现阶段人类文明的主体,这源于其规模化生产所造就的显而易见的物质成果,而缺陷是对地球资源的巨大消耗与严重污染,人类进入工业社会以来,对环境的干扰和破坏,在范围上和强度上都远远超过农业社会。工业文明时代历经了三次重大的科技革命,然而每次科技突进的背后却给生态环境带来了更为触目惊心的伤害。

第一次科技革命即是诞生于英国的工业革命,蒸汽机的发明和大规模批量化的生产使得自然资源的消耗量激增,森林和煤炭成为最先遭受破坏的自然资源。森林大面积消失,原有的生态平衡被打破,煤炭燃烧所产生的有害气体和工业废水污染着空气和水体。如在英国,伦敦"雾都"的称号即是来源于当时

## 无风险　不设计——设计风险管理

大量煤烟的排放；在德国，德累斯顿附近的穆格利兹河，因为玻璃制造厂所排放污水的污染而变成"红河"；哈茨地区的另一条河流则因为铅氧化物的污染毒死了所有鱼类，甚至饮用过河水的陆地动物也没能幸免[1]。然而这仅仅只是开始，因为早期的工业污染仅局限于工业发达区域和陆地。

第二次科技革命以内燃机、电力和化学工业为代表，内燃机的发明使得人类的活动范围得到了前所未有的扩张，从以往的陆地、海洋，扩展到天空与深海，而化学工业更是颠覆了以往人造物"来于尘土，归于尘土"的状态，大量不可降解的材料被发明和广泛使用。随着海、陆、空交通工具的普及和大量发电站、化工厂的建成，人们开始疯狂地开采和消耗煤炭、石油等不可再生资源，同时，对于生态环境的破坏和污染已经从地表扩展到了地下、海洋和天空，以往仅限于特定区域的污染已经成了全球性的问题。在这一阶段，人类因为工业化所导致的环境污染而遭到了大自然无情的报复，如发生于20世纪30年代的比利时马斯河谷事件，由于气候反常使得工厂排出的大量二氧化硫无法消散，造成大批家畜死亡，数千人中毒，60余人丧命。而发生在1943～1955年的洛杉矶光化学烟雾事件则更甚，三次不同程度的光化学烟雾污染造成近千名65岁以上老人因呼吸系统衰竭而死亡。此外，酸雨、水和土壤的铅超标、内陆和近岸水体的富营养化等前所未有的污染形态开始越来越多地出现在人们的视野中。

以原子能、电子计算机、空间技术和生物工程为代表的第三次科技革命，催生出核工业、计算机产业、宇航工业和生物技术产业，科技是把双刃剑，人类在享受更清洁和经济的能源供给、更高效的工作和生产、对宇宙空间更深入地探索、医疗进步和农作物增产的背后，也第一次具有了瞬间毁灭自身和地球上一切物种的能力。而此时人类对环境的污染已经扩展到了太空和"隐形"的基因领域。这里要重点提及的是人类对于核能的利用。不可否认，原子能的和平利用造福了亿万家庭，据2012年国际原子能机构数据，全球范围内投入运行的核电机组达437台，在建机组64台，其中法国75%以上的电力供应来自核电站。

---

[1] 拉蒙德·多米尼加.资本主义、共产主义与环境保护：德国人的经验教训.环境史：第3卷，1998（3）：313.

第五章 生活——依然斑斓

然而人们无法忘记，1986年4月26日发生在乌克兰切尔诺贝利的核电站爆炸事故，这一灾难性的事故造成之后的15年间有9.3万人死于核污染，27万人致癌或遭受各种辐射疾病的折磨，原子炉融毁所形成的辐射尘埃几乎席卷整个欧洲，即使在相距事故地点1100公里外的瑞典都检出了超标的辐射粒子，其间法国、德国和意大利禁止人们食用部分农作物和农产品，间接受到辐射损害的人达数千万。时至今日，切尔诺贝利核电站周围30公里以内仍然是绝对禁区，在这里，建筑物依然屹立，然而偌大的城市空无一人，一片死寂（图5-3）。此后发生在2011年3月的日本福岛核事故，则再次向人们敲响了警钟。

图5-3　切尔诺贝利（来源：www.nipic.com）

如果说，在封建时代、农业文明时代，人们对于生态环境的破坏主要集中在对优质自然资源的浪费，那么在工业文明时代，这种破坏则是对自然资源的全面破坏。对环境的污染已是"超立体的污染"。而这一点，在我国表现得尤为突出，由于长期的粗放型经济增长方式、不合理的资源开发、环境污染和生态破坏，导致我国的环境质量严重恶化。中国经济时报撰文，我国 1/3 的国土遭受酸雨侵害，在测的 343 个城市中有近 70% 存在严重的空气污染，七大江河水系中劣五类水质占 41%，城市河段 90% 以上遭受严重污染，沙漠和沙化总面积达 174.3 万平方公里，水土流失面积占国土面积的 37%，我国已经是世界上环境污染最为严重的国家。

由此，我们不得不重新审视工业文明。工业文明的核心要素和驱动力是资本，资本的构成和壮大来源于对利润的追求，在这一逻辑的驱使下，科学发展、技术进步、市场需求乃至社会体系都会按照有利于"利润增值"的方向发展。也就是说，整个工业文明体系会以实现资本增值为目的来构建人类社会的运行模式[1]。因此，在这一模式下，自然环境成了工业发展所需资源的供给地，以往人们对于自然的敬畏逐渐消逝，让位于经济发展。另一方面，在经济全球化和全球一体化的背景下，在工业发达国家、地区强势的政治、经济和文化冲击下，处于弱势的一方往往会妥协，从而抛弃固有的传统与发展模式，自身特色逐渐淡化，这种主动或被动的同化意味着文化多样性的丧失，这对于人类社会的发展是极为不利的。工业文明发展壮大所引发的悖论已经开始显现，人们垂涎于工业化所带来的巨量财富，不断刺激消费、扩大生产，同时又不能回避工业化所带来的一系列问题，从而控制规模、节能减排，工业文明的发展已经走到了十字路口。

工业文明的运行逻辑深刻地改变了人们的生活理念，在"以财富拥有为美"的生活理念影响下，设计理念也以对利润的最大限度的攫取为目标，造成了生产中对于自然资源的过度消耗以及对环境的严重破坏。而正是这种负面效应的扩大，引发了人们对于生活理念与设计理念的反思，成了后工业时代一系列理念变革的基础。

---

[1] 田松. 在工业文明的框架内环境危机无法得到有效解决 [J]. 绿叶，2011（6）: 19-26.

## 第五章 生活——依然斑斓

## 像"地球公民"般生活——以朴素为美的生活观

后工业时代,以往的产品制造业经济转变为服务性经济、理论知识取代土地和机器成为核心资源、人与人之间的竞争主要体现在知识的竞争[1]。诚然,在世界范围内由于社会经济发展水平的参差不齐,以财富拥有量来衡量人的社会地位还将持续相当长的时间,然而在率先进入后工业时代的国家中,知识精英成了社会的统治阶层,专家之所以拥有权力,是凭借他们所受的专业教育与技术专长,这种权利的获得体现在他们对于先进知识、理念的占有。由此可见,未来衡量人的社会地位的关键在于所秉持的理念,而非财富的拥有。另一方面,工业时代以利润最大化为追求、以粗放型的成产加工为普遍手段,对于自然资源的过度消耗使得生态环境付出了沉重代价,而这一问题已经到了不可忽视的地步。迫使人们反思人类社会发展与地球资源、环境之间的关系,迫切需要寻求一种良性、可持续的互动关系,因此,人们的生活理念与设计理念有必要、也必须作出改变。

在工业文明所造成的人与自然矛盾对立的基础上,"生态文明"的概念应运而生。作为一种促成人与自然和谐发展,实现"生产发展、生活富裕、生态良好"的新型的人类根本生存方式,生态文明倡导人们遵循经济理性,更遵循生态理性,不追求自我利益的最大化,而是将自我纳入生态系统来考虑,以能否给出生态上合理的理由为行动标准[2]。构建生态文明的重大意义,使其成为后工业时代最具代表性、最重要的命题。

生态文明观念的出现,将中国再次推到了历史的十字路口。经过三十余年的改革开放,我国的工业化程度和水平取得了长足的进步,甚至成了"世界工厂",但如果我们进一步沿着工业化的道路前进,将会遇到前所未有的巨大

---

[1] 丹尼尔·贝尔. 后工业社会的来临 [M]. 北京:新华出版社,1997.
[2] 严耕,杨志华. 生态文明的理论与系统构建 [M]. 北京:中央编译出版社,2009.

障碍，这种障碍来自两方面。一方面，既有的工业文明的格局造成了少数工业发达国家占据、消耗着全球大多数的能源；换言之，全球的能源仅够满足少数发达国家的消耗，不可能支撑大多数国家的工业化，出于对既得利益的考虑，发达国家对发展中国家的工业化水平层层设限，对于资源的发掘和占有层层强化。另一方面，我国经济高速增长的背后是严峻的环境污染问题，近年来发生的水污染、重金属超标、原油泄漏等公共环境污染事件以及席卷全国大部分地区的重度空气污染，已经成为影响中国社会安全、生活安全与经济安全的巨大障碍。因此，我国的工业化进程面临能源供给和环境承受力两方面的巨大阻力。在现实压力之下，构建生态文明将是我国经济社会发展的必然出路和当务之急。

构建生态文明的必要前提是建立新的观念和意识，这种新观念的建立依赖于对于工业文明的反思，具体来看，可以分为个人意识的反思和主流意识形态的反思：个人是构成社会的最小单位，个人意识的转变将促使社会整体意识的转变。在工业文明的系统框架下，个人通过自主择业、跨区域就业和协同作业参与广泛社会分工，并对经济、生产和环境产生影响。社会分工与角色的不同，造成了人们所处立场的不同，即使以个人为单位，从不同的立场和角度出发，其观念和意识都会产生冲突。如从具体岗位出发，那么只需要对所在部门或企业负责，对于利益的诉求只参照部门同岗位人员；而从人类一员的立场出发，那么就需要考虑对于全体人类、对于下一代、对于地球环境的责任，而利益的诉求也同样需要综合考虑以上因素。土地的污染会持续数十年、水源地的污染会殃及整个流域、雾霾可以跨越数千公里而影响不同大洲的人们、温室效应造成全球海平面的上升，如今，生活在地球上任何角落的人都无法做到"独善其身"了。将自身定位于全人类的一员，势必会增加个人的责任负担，同时会约束个人的利益诉求，但以"地球公民"的身份和立场来建立个人意识，是当下和未来应对人与自然矛盾对立的基础，而这种意识已初见端倪（图5-4）。

在发展过程中逐渐确立的"先污染，后治理"的主流意识形态已经到了需要彻底颠覆的地步。从最先实现工业化国家的发展路径来看，都经历了"先污染"这样一个阶段,在创造巨量财富的同时,资源消耗殆尽、环境破坏深重,然而在"后治理"的阶段,则更多的是采取污染源的转移,即将高能耗、高污染的环节和行业安置在发展中国家,将自身产生的垃圾转移或填埋至落后地区,这种所谓的"治理"只是将污染从一个国家或地区转移到另一个国家或地区,并非彻底消除。事实告诉我们,这种路径不但有违人类的公平发展、

图 5-4 地球一小时活动[1]

(来源:http://www.earthhour.org.cn/)

无助于人类文明真正意义上的进步,更给发展中国家和落后地区带来了深重的灾难。工业文明所造成的"超立体污染"已经不是一朝一夕,而这种污染本身也并非依靠地球自身之力可以化解的。面对这一残酷的事实,人类工业文明所创造的财富显得如此不堪和乏力,即使是在某一特定地区,动辄数亿甚至数十亿的资金投入都难以从根本上扭转环境恶化的态势,环境污染大肆吞噬着财富的增长,如将环境污染的治理成本纳入发展成本,那么财富的负增长将比比皆是。因此,"先污染,后治理"的主流意识形态必须革除。

以构建生态文明为前提的意识的转变需要克服种种困难。首先,我们需要反思工业文明系统框架下的生活理念,即"以财富拥有为美",这意味着颠覆既有的以对物质财富的追求为目标的生活模式,转变为占有更少的物质、消耗更少的资源、过相对简朴的生活,这种转变,建立在对于人的行为和欲望的约束上,而现代社会标榜的所谓成功,却是建立在以财富的拥有从而使人们尽情消费和施展欲望,这对于习惯了消费与享乐的现代人来说,是对价值观和意志力的巨大挑战。其次,这种意识的转变基于精神世界的丰富与提升,关乎心灵,与物

---

[1] 地球一小时(Earth Hour)是世界自然基金会(WWF)应对全球气候变化所提出的一项倡议,希望家庭及商界用户关上不必要的电灯及耗电产品一小时,以此来表明他们对应对气候变化行动的支持。该项活动从2007年发起,每年举行一次,倡议民众在3月的最后一个星期六20:30~21:30期间熄灯。

质无关、与功利无关，这需要拨开现实的迷雾去探索"真、善、美"，扩展心灵空间、提升精神境界，这既是对人意志的考验，也是对能力的考验。最后，这种意识的转变将是漫长而反复的，它的成效必定不是立竿见影的，之于当下的物质社会更多所起到的是对个人欲望的约束和心灵的纠正的作用，只有当这种意识成为社会的主流意识，才能发挥出其强大的能量，而在此之前，对于每个意识的转变者来说都是对自身毅力的巨大挑战。

基于对现实和未来的考察，人们对于知识、理念的追求将取代对于物质的过分依赖，生活理念也将由"以奢华为美"、"以财富拥有为美"，逐渐过渡到追求人与自然和谐发展、良性互动的新理念，而这种理念应当是"以朴素为美"；同时，设计理念也顺应后工业时代的需求，诞生出绿色设计、可持续设计、低碳设计等理念，必将从以往的"缔造奢华、附庸权贵"、"创造财富、刺激消费"过渡到"谋共生、可持续"；这既是时代发展的需要，也是历史的必然。在这一阶段，设计理念作为人类知识、理念重要的组成部分，将会比以往更多地体现其在社会、经济发展中的影响力，不再完全服从或追随生活理念，时代赋予了它引领生活理念的可能。

在后工业时代，个人价值得到了极大的伸展，社会开始尊重个人，人们开始追求个性和自我，同时，对于个人价值的评判角度和衡量标准也日趋多元。然而，在严峻的生态环境问题面前，每个人的命运和价值的体现都与之不可回避地联系在一起，我们尊重个体，也必须尊重自然，因为人与自然已经成为不可分割的整体。

在这个时代，知识和理念被推向了人类生存与发展核心要素的制高点，因此，梳理生活理念与设计理念的时代变迁，并推断其未来发展趋势将是具有重要意义的（表5-1）。我们坚信，无论是从历史发展的宏大叙事，还是到日常生活的民间表达，"以朴素为美"的生活理念都将会渗透至社会的各个角落并深刻影响每个人的价值判断；"谋共生、可持续"的设计理念将最大限度地反映和满足人们对生活的种种期待和需求；而这一切，无疑将是有利于人类朝着更美好的未来而进步的。

生活理念与设计理念的时代变迁关系表　　　　　　　　表 5-1

| 所处时代 | 生活理念 | 二者关系 | 设计理念 | 对待人与自然的态度 | 对生态环境的影响 |
|---|---|---|---|---|---|
| 封建时代 | 以奢华为美 | ←依附← | 缔造奢华，附庸权贵 | 不尊重人、不尊重自然 | 对优质自然资源的浪费 |
| 工业时代 | 以财富拥有为美 | ←追随← | 创造财富，刺激消费 | 尊重人、不尊重自然 | 对自然资源的全面掠夺与超立体污染 |
| 后工业时代 | 以朴素为美 | ←互相引领→ | 谋共生，可持续 | 尊重人、尊重自然 | 和谐发展，良性互动 |

第六章 无风险 不设计

## 孪生兄弟——创新与风险

### 产品创新的理论批评

创新作为一项基本的企业行为,其具体的表现形式多种多样,几乎涉及企业生产经营活动的所有方面,企业的创新集中体现在:产品创新、工艺创新、市场创新和管理创新等方面。从宏观层面上来看,自主创新和建设创新型国家已经成为我国的一项重大战略任务,其核心是科技创新,科技创新的内容包括知识、技术、工艺、产品的创新,因此产品创新作为科技创新中的重要一环理应受到高度重视[1];从微观层面来看,产品是企业赖以生存的根本,新产品开发是企业抢占更大市场空间的有力武器,企业是否拥有特色产品,常常决定了企业的发展前景。产品创新的理论批评正是建立在产品创新活动和产品创新结果之上的理论层面的思辨,对产品创新思路和发展方向有着重要影响。

产品创新的重要性集中体现在推动社会经济发展、促进科技成果转化、培养创新型人才、巩固和扩展知识产权、提升企业效益、凝练企业精神六大方面。

产品作为科学技术应用的载体、产品创新作为科技进步的表征,体现出对于推动社会前进的强大动力。蒸汽机的发明推动了第一次工业革命;随后的内燃机、发电机、汽车、电话等第二次工业革命中诞生的标志性产品极大地促进了社会进步;20世纪中后期半导体、集成电路、计算机、互联网的发明更是将人类社会带入一个崭新的时代;进入21世纪,以信息技术、生命科技、高分子材料、新能源利用为代表的新科技和新产品将会带来社会的深刻变革。产品创新以及随之而来的生产制造能够有力地推动经济发展。以我国为例,改革开放以来,在商品经济的作用下极大地刺激了加工制造业,大量的新产品进入市场,根据联合国工业发展组织资料,按照国际标准工业分类,在22个大类中我国制造业占世界比重在7个大类中名列第一、15个大类名列前三;在2007年,中国制造业就有172类产品

---

[1] 潘云鹤.产品创新是建设创新型国家的主战场.中国工程院 http://www.cae.cn/ 2006.9.

## 第六章 无风险 不设计

产量居世界第一位，全球近一半的水泥、平板玻璃和建筑陶瓷，一半左右的手机、PC机、彩电、显示器、程控交换机、数码相机都在中国生产[1]；我国在成为名副其实的工业生产大国的同时，社会财富也在迅速积累，2008年全部工业增加值达129112亿元，比1978增长25.4倍，2007年规模以上工业企业实现利润27155亿元，固定资产原值198739亿元，分别是1978年的45倍和57倍[2]。

从长远来看，经济发展需要依靠科技成果的转化。科技成果包括新知识、新技术、新工艺和新产品，其中新产品既是新知识、新技术、新工艺应用的载体，又最容易转化为商品直接进入市场，并为企业和消费者创造价值，产品创新正是将科技成果转化为商品的有效途径。产品创新在为企业创造效益的同时，其创新过程中的一系列研究活动，包括基础研究、应用研究、试验发展等，也在客观上促进了科学技术的发展以及学科的交叉融合。

创新型人才是发展的需要和时代的需求，创新型人才的培养绝不是书本教育可以独立承担的，而是在创新活动中培养和成长起来的。产品创新正是涉猎最广泛的创新活动，一项新产品从创立之初的市场调研、概念形成、功能定位、设计开发、评估测试、生产制造、销售流通、回收再造等各个环节，需要跨学科、跨行业、跨地域的各类人员通力合作。因此产品创新既是培养创新型人才的温床，又是创新型人才施展能力的舞台。

在企业产品竞争趋于白热化的阶段，知识产权作为企业保护自身利益的工具和形成贸易壁垒的手段显得尤为重要。新产品开发涉及各种新材料、技术、工艺的应用，其间会不同程度地受到知识产权、贸易保护、出口限制等因素的影响，如西方一直对我国实施禁运的高精度多维数控机床等。但同时，产品创新活动也能因其过程或结果的独创性而获得新的知识产权，一个企业甚至国家在知识产权领域的储备和占有量能够客观反映其科技实力、研发水平和发展的可持续性。产品创新在知识产权领域的作用不仅关乎企业的生存与发展，还肩

---

[1] 新中国60年报告．中华人民共和国中央人民政府网站 http://www.gov.cn/.
[2] 新中国60年报告．中华人民共和国中央人民政府网站 http://www.gov.cn/.

负着建立创新型国家战略的重任。

产品创新是企业获取更高利润的有效途径。按照企业发展层次的"金字塔模型"可见，处于金字塔顶端的企业也正是产品创新最为活跃的企业，产品创新过程中对于设计和研发的巨大投入也因其产品的高附加值而为企业带来了更为丰厚的回报；而处于金字塔底端的来料加工型企业，因不涉及产品研发，只赚取加工费用而利润十分淡薄（图6-1）。产品创新已成为当今企业提升经济效益和赖以生存、发展、成功的基本要素。

图6-1　企业层次"金字塔模型"

企业缺乏以产品研发为核心的竞争能力就会受制于人，金融危机所带来的影响以来料加工、出口型企业所受到的冲击最为强烈，客观反映了企业自身缺乏创新能力的局限性。创新是人类探索和发现事物的具体体现，是凝聚着热情和智慧的有价值的创造性活动，产品创新是实现企业自身核心价值和鼓舞员工士气的必要手段，是企业获得长久生命力和凝练企业精神的基础。

### 产品创新的理论与趋势

潘云鹤院士在《产品创新是建设创新型国家的主战场》一文中提出，产品的技术创新设计、产品的文化创新设计和产品的人本创新设计是开展产品创新的有效途径。

## 第六章　无风险　不设计

产品在技术上的创新赋予产品时代性,能够更好地服务于现代社会。产品的技术创新设计常采用技术分解、技术改进、重新构成的三段式方法,被称之为"技术构成法"。其方法是将现有产品的技术要素进行分解,然后将其中的部分要素进行改进,再用新的要素重新构成产品。以传统的贴纸为例,其中的技术要素是纸的质地和胶水的牢度,将这两个技术要素分别改进,提高纸张的耐破度和撕裂度,降低胶水的黏合度,于是就产生了有别于传统贴纸的"即时贴"。科学技术的推进日新月异,产品的技术创新需要紧随时代变化的需求。

产品在文化上的创新赋予产品文化内涵,能够更好地体现产品的差异性。20世纪二三十年代兴起的功能主义,以工业化大生产的效率和成本为前提,主张功能第一性、内容决定形式,在这种理念引导下的设计风潮造就了一大批形式简约的功能主义产品。几十年后在全球范围内从小家电到大型建筑都以抽象的几何形体出现,带给人们的已不再是该设计理念初期所展现的全新面貌,取而代之的是单调、生硬、雷同和冰冷,因此对于产品设计的形式美和多样化的需求再次被唤醒(图6-2)。当代社会,人们对于产品体现出从功能到形式的多样化的需求,强调个性的彰显,尊重不同地域、国家和民族的消费者需求的差异化,在

图6-2　1951年落成的联合国总部;玛丽莲·梦露大厦,马岩松2005年设计

## 无风险 不设计——设计风险管理

这种背景下产品设计的差异化显得尤其重要。赋予产品更多的文化内涵，随之带来的产品的审美丰富度就会提升，对唤起用户情感的效果就会增强，在实现产品差异化的同时更加贴近消费人群，提升产品竞争力的目标也随之达成了。

产品的人本创新设计，其内涵就是在产品创新过程中充分体现"以人为本"的宗旨。通过对用户群体的细分，充分挖掘不同目标群体对于产品的需求并展开有针对性的设计，从而使产品能够更好地发挥功效。这不仅是"适销对路"的前提，更是使产品创新诞生出高质量新产品的重要途径。人本设计不仅要求在产品创新时充分考虑人机工程中人的生理要素，更要充分考虑人的心理因素，强调产品在高度满足人们正常使用过程中的实用性和便利性的同时，还要充分满足人们的情感需求。现实社会对于人性化产品的定义，已经不能简单地理解成为与"人适应产品"相对的"产品适应人"，当代对于人本设计的要求是要充分发掘人与产品的互动。同时，产品的人本创新设计已不局限于产品在技术和文化上的创新，产品技术与文化的创新都是成就人本创新的重要手段。

此外，武汉理工大学胡树华教授以汽车和通信等重点产业的创新研究为切入点，提出了产品—产业—区域创新的纵向集成创新理论，重点阐述了由产品系统、产业系统和区域系统所构成的系统创新路径；美国著名管理学家彼得·德鲁克在《创新与企业家精神》一书中详细阐述了创新的目的性和创新机遇的七个来源；国际战略和创新咨询公司"策士"首席执行官彼得-斯卡辛斯基（Peter Skarzynski）在《从核心创新》（*Innovation to the Core*）一书中，提出了扩大和提升企业的创新路径、建立系统的创新能力以及如何使创新可持续化。

由此可见，产品创新已经不再是专属于企业的，为了谋求企业生存和发展而开展的以营利为目的活动，而已经上升到国家和区域性的，为了满足消费者需求、提升生活品质、促进经济社会发展的最广泛的创造性活动。

### 产品创新应注重的实际问题

产品创新是企业获得更大发展的有效途径，然而产品创新所需的投入和失败的风险使得很多企业望而却步。在实际操作层面，企业在施行产品创新的过

第六章 无风险 不设计

程中应注重如下问题。

产品创新应与品牌线路相吻合。品牌的建立需要一个长期的过程，品牌价值也是在产品品质的长期积淀下形成的，树立一个成功的品牌会给企业带来丰硕的回报，同时也是企业精神和核心价值的代表。一旦品牌的价值得以确立，就会在消费者心目中形成对该品牌及其产品的固有印象：如苹果品牌代表着创新和易用性，索尼品牌代表着时尚和科技感，奔驰品牌意味着稳重和高品质，法拉利品牌则代表着运动和激情等。品牌路线是企业战略和导向性问题，是供消费者判断品牌差异的重要依据，产品创新也应当围绕巩固和丰富产品品牌这一主线开展。一项不合乎品牌定位的产品创新活动会削弱品牌所传递的固有信息，如金利来品牌的广告语是"男人的世界"，该企业成功打造了金利来品牌为男性消费者提供优质产品的固有形象，而其后该企业推出的女士皮包则模糊了品牌路线，削弱了该品牌的固有信息，同时也未能成功获得女性消费者的青睐。但基于品牌路线的产品开发并不意味着故步自封，为了保持品牌路线的一致性同时又起到丰富产品线、扩大市场规模的目的，许多企业采用设立分品牌或细化产品分类的办法。如意大利著名时尚品牌阿玛尼（Armani），旗下就分设 Armani Prive、Giorgio Armani、Emporio Armani 等八个分品牌，产品涵盖从高级订制礼服、休闲装到童装的广阔领域；再如奥迪（Audi）汽车公司则是以字母 A、Q、T、R 来代表车型类别，再以字母和数字组合来区分产品的类别和级别（图6-3）；不论是怎样的做法，其目的都是不断强化品牌信息以达到差异化竞争的目的，而产品创新要特别注意与品牌路线的一致性。

产品创新的定位要清晰。产品创新的定位清晰不仅是指产品开发要针对用户需求，同时还要兼顾企业的营销策略，务必要明确"占量"与"占位"的关系。作为拥有众多产品的企业来说，其产品线的丰富程度反映了企业规模和综合实力，产品线中不同类型/级别产品的市场作用有所不同：普通产品的规格和质地大众化、技术含量较低，因而能够尽量压缩成本，低廉的售价能够吸引更广泛的消费群体，该类型产品利润较低，需要通过扩大销量来保证利润，产品创新时要注重"占量"的概念，即最大限度地使新产品保持固有优势，同时具备抢

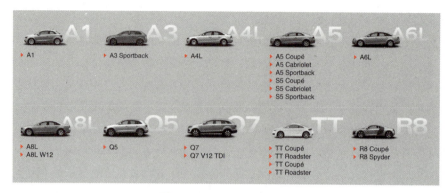

图 6-3　Audi 各系列车型

占市场份额的能力；而产品线中的高端产品则反映着企业的研发能力和最高技术水平，需要尽可能通过产品创新获得在款式、规格、材料、技术含量上均有所突破的"精品"，从而达到提升品牌美誉度、提升全线产品销量、扩大企业影响力、巩固消费者忠诚度的目的，避免企业因缺乏特色产品而陷入价格战的泥潭，即"占位"的设计理念。在实际操作中，企业常常因为缺乏有效的"占位"产品而长期处于较低层次；或没有认清"占位"产品的特性、一味强调"占位"产品的销量而"急功近利、因噎废食"；以及错误估计新产品的"占位"能力，落入"孤芳自赏"的尴尬境地。

　　产品创新应充分考虑产品的市场生命周期。产品创新的频度决定了新产品上市的周期，周期过短会造成企业因频繁的产品推广而付出巨大的成本，同时不利于产品在消费者中建立相对固定的印象；而周期过长则会使产品规格老旧，消费者对于产品的兴趣降低转而选择其他品牌，造成品牌美誉度降低以及市场份额的萎缩。不同类型的产品因其所属性质、使用频率、复杂程度、价值高低等差异，其新产品的上市周期也不尽相同：如服装行业是根据季节变换而推出不同类别的产品，而每个季节中又有新品推出，因此其研发周期是以月或季度为单位的；再如汽车行业，因其产品的复杂程度高、研发投入巨大，因此是以年为单位的，以德国大众汽车为例，其推出一款同类新车的周期一般为 5 年，而为了尽可能以较小的投入使产品具备一些新的特征,往往会在第三年的时候推出一款"小改款"车型(图6-4)。产品创新的频度应充分考虑产品所处行业的客观规律,结合企业适时地销售策略,及时提供有针对性的新产品。

图6-4 德国大众速腾Sagitar车型

产品创新应充分体现原创性。创新的原创性既是知识产权规范化的市场对于企业的客观要求,又是企业自身生命力与核心价值的充分显现。缺乏原创性的产品创新不能称作是真正意义上的创新,因不涉及核心内容的革新而往往流于形式,其弊端显而易见:产品同质化,因而缺乏竞争力;习惯于跟随与重复、丧失原创意识,造成企业"造血功能不足",因而缺乏持久的生命力;模仿和照抄成功产品,得不到知识产权的保护、无法获得行业的认同和消费者的尊重,品牌美誉度更无从谈起。企业要在激烈的市场竞争中保持优势,就必须依靠具有竞争力的新产品,只有在产品创新中充分体现原创性,做到技术、功能、品质、文化的差异化,才能通过新产品为企业和消费者创造更大的价值。

可以说,设计与产品创新,在理论与实践的相互交织中,在涉及经济、社会、自然、人文、伦理等广泛的领域中不断地思辨与探索,在时代趋向多元化、复杂化和充满变化的大背景下,相互依托、互为发展,显示出高度的相关性和趋同性。正是基于这种高度的相关与趋同,因此,需要充分发掘、认识设计在产品创新过程中的风险问题,这是对两者之间关系更深层次的探索,也是经济社会发展的需要。

## 相克相生——危险与机遇

### 古朴辩证思维下的化危为机

正如前文所述,"祸福相依"的古朴辩证思维早已有之,并深深地扎根于中国人的观念意识之中,中国人也更愿意本着这种辩证思维去处理错综复杂的风险问题。在面对企业各项投入时强调"舍"与"得"的辩证关系,认为要想有所收获必须有所付出,在面对风险所导致的企业危机时,强调"危"与"机"的转化,通过因势利导从而"化危为机"。

在企业经营管理过程中经常能够听到"商场如战场"的警句,正是因为商场中决策失误的巨大损失、企业各项投入的不可逆转、商业行为伴随着高风险以及企业间日趋激烈的竞争,与战场中的运筹帷幄、排兵布阵、短兵相接和各路人马的厮杀尤为相似。因此,近年来通过研究中国古代的《孙子兵法》,并在现代企业管理和"商战"的实际应用中取得了不俗的战绩,这当中的研究与应用以中国台湾学者和企业家最具代表性。而因为地缘性和文化传播的历史性等因素影响,中国的古代兵法在亚洲地区,尤其是日本企业中也广为应用,这其中又以松下电器创始人松下幸之助最为著名,他将《孙子兵法》奉为"神灵",并将其视为使企业兴旺发达的核心要素[1]。

《孙子兵法》分为上、中、下卷共十三章[2]。在孙子兵法中有着丰富的辩证法思想,书中探讨了与战争有关的一系列矛盾的对立和转化,如敌我、主客、众寡、强弱、攻守、胜败、利害等。《孙子兵法》正是在研究这种种矛盾及其转化条件的基础上,提出其战争的战略和战术的[3]。通过对大量企业案例的整理、分析,

---

[1] 徐丁来. 经理人的《孙子兵法》修炼 [M]. 北京:经济管理出版社,2010.

[2] 分别是《始计篇》、《作战篇》、《谋攻篇》、《军形篇》、《兵势篇》、《虚实篇》、《军争篇》、《九变篇》、《行军篇》、《地形篇》、《九地篇》、《火攻篇》和《用间篇》。

[3] 一兵. 兵之书:中国古代兵书全集 [M]. 武汉:武汉出版社,2009.

## 第六章 无风险 不设计

不难发现,《孙子兵法》中的许多辩证思想和谋略对企业处理风险问题大有裨益。而将孙子兵法与企业管理实践紧密结合,并产生较大影响的,是中国台湾著名学者曾仕强教授,其相关研究包括"孙子兵法与人力自动化"等。

而《三十六计》则是我国古代另一部兵书经典,原书共分六套、即《胜战计》、《敌战计》、《攻战计》、《混战计》、《并战计》和《败战计》,前三套是处于优势时所用的计策,后三套是处于劣势时所用的计策,每套六计,共计三十六计。每一计谋之后均有解说和按语,其解说依照《易经》中的阴阳变化以及古代兵书中各种对立关系相互转化的古朴辩证法思想推演而来,而按语则多引证宋代之前的战例和古代兵家的警言名句。"混战计"、"并战计"和"败战计"中的部分古代军事策略常为现代商战中处于劣势的企业所用,借以摆脱不利局面,为企业面临危机时"转危为安"、"化为危机"提供了一套有别于西方"危机管理"(Crisis Management)方法体系的古老的东方军事哲学。在此,本文将通过对"远交近攻"、"树上开花"和"反客为主"三个计谋的解读,并结合现实案例,说明我国古代兵法中的辩证思维在现代企业经营中的应用。

"远交近攻[1]"的计谋在《三十六计》中归于"混战计"。该策略是指在混乱的局势之中,由于受到各种条件的制约,获取利益应着眼于近前,然而为了避免身边的敌人之间以及与更远的敌人结盟,因此可以与远处的敌人交好,瓦解敌人间的联盟,从而将身边的敌人各个击破、从中获利。该策略的高明之处在于:其一,认为与周边的国家交好,长此以往仍不免出现变数,而这种变数则将危机置于近前,因此最好的方式是攻取邻国以获得最大可能的"不变";其二,利用与远处敌人的交好,避免树敌过多以及敌人间的结盟使自身处于不利地位,利用空间换取拖延战争到来的时间。该策略广泛体现在当今的国际政治和地缘政治间,也经常为企业在国际与区域竞争中所采用。

---

[1] 远交近攻,语出《战国策·秦策》:范雎曰:"王不如远交而近攻,得寸,则王之寸;得尺,亦王之尺也。"解说:"形禁势格,利从近取,害以远隔。上火下泽。"按语:"混战之局,纵横捭阖之中,各自取利。远不可攻,而可以利相结;近者交之,反使变生肘腋。范雎之谋,为地理之定则,其理甚明。"

## 无风险　不设计——设计风险管理

"树上开花"[1]之计在《三十六计》中归于"并战计"。"树上开花"是指本来树上无花,却可用彩绸扎成花朵粘贴在树上,不仔细辨认便可以假乱真;而这种计谋运用于军事上,即是将自己的军队置于友军之中,以使阵容强大,并借势威慑敌军。该计谋提示自身实力较弱的一方,应充分借助友军或利用一切可以调动的资源,借助别人的势力来壮大自己的声势,用以威慑敌人或抬高自身的价值以获得更多的权益。

"反客为主"[2]之计在《三十六计》中归于"败战计"。在按语中,古人不但解释了什么是"客","客"分几种,并指出了"客"要变身为"主"需要"渐握机要",还将反客为主的过程划分为五个步骤。因此,概括来看,"反客为主"就是要抓住机会、乘虚而入,渐渐地、循序渐进地把握时局的关键、事情的要害,切忌操之过急、败露企图,逐步化被动为主动,从而掌握竞争的主动权。

如前文所述,《三十六计》中的"混战计"、"并战计"和"败战计"三套策略常为战争中处于不利地位的一方所采用,上述的"远交近攻"、"树上开花"、"反客为主"正是这三套策略中最具辩证思维的计谋,为帮助处于劣势的一方保存实力、争取主动、反败为胜提供了思路,而这种古代兵家作战思想在今天的商战中也显现出其卓越的指导性,下列案例可见一斑。

比亚迪股份有限公司由王传福先生创立于1995年,该企业创立之初的经营范围主要涉及充电电池和电子五金产品,而自从2003年比亚迪收购西安秦川汽车有限责任公司以后,仅仅经过8年多的时间,从一个与汽车行业毫无关联的电子企业变成中国最著名的民族汽车品牌之一,仅在2009年就实现汽车销售量45万辆,销售额214.97亿元,利润率达到国内同行业平均标准的两倍。可以

---

[1] 树上开花:解说:"借局布势,力小势大。鸿渐于陆,其羽可用为仪也。"按语:"此树本无花,而树则可以有花,剪彩贴之,不细察者不易发,使花与树交相辉映,而成玲珑全局也。此盖布精兵于友军之阵,完其势以威敌也。"

[2] 反客为主:解说:"乘隙插足,扼其主机,渐之进也。"按语:"为人驱使者为奴,为人尊处者为客,不能立足者为暂客,能立足者为久客,客久而不能主事者为贱客,能主事则可渐握机要,而为主矣。故反客为主之局:第一步须争客位;第二步须乘隙;第三步须插足;第四步须握机;第五乃成功。"

## 第六章 无风险 不设计

说，比亚迪从一个汽车行业的"门外汉"到如今世界范围内新能源汽车领域不可忽视的"后起之秀"，其发展过程中的一些典型事例印证了《三十六计》中辩证思维的有效性。

2003年1月22日，比亚迪公司跨行业收购西安秦川汽车有限责任公司，成立了比亚迪汽车有限公司，又在西安市高新技术产业开发区征地100万平方米，修建新厂房，营建西安生产基地。2003年比亚迪收购北京吉驰汽车模具有限公司（占地20万平方米），同年，比亚迪在上海创建上海比亚迪工业园（占地56万平方米），同时又把汽车销售总部迁到了深圳，从而形成辐射全国（东——上海、南——深圳、西——西安、北——北京）的全方位布局。2004年7月17日比亚迪上海比亚迪汽车检测中心竣工，并成功完成比亚迪汽车检测中心的重点项目——碰撞实验室建成后的首次整车碰撞实验。2005年4月16日，比亚迪汽车在西安宣布，首款新车"F3"正式下线，同时20万辆产能的新生产基地也正式落成[1]。从比亚迪成立汽车分公司到第一款产品下线只用了两年多的时间，在此期间他们通过跨行业收购、大面积征地、功能合理布局实现了基本覆盖全国的从研发、生产到销售的一条龙体系。在这一过程中，比亚迪充分调配了企业资源，依托其收购的西安秦川汽车有限责任公司具备了基本的汽车制造能力，依托其收购的北京吉驰汽车模具有限公司具备了基本的汽车整车开发能力，依托其在上海成立的汽车检测中心具备了产品技术测试能力，最后依托比亚迪在深圳总部业已形成的强大的销售渠道具备了产品市场营销能力。由此可见，比亚迪正是通过企业并购、重组，充分调动企业资源，将资源优化配置，达到了"树上开花"——"借局布势，力小势大"、"使花与树交相辉映，而成玲珑全局也"的效果。另一方面，从其产品设计的角度来看，"F3"（于2005年4月正式下线）作为比亚迪汽车的"开山之作"也颇具代表性。作为一个初涉汽车行业的企业来说，其第一款产品的定位和外观形态至关重要，比亚迪将参照系指向

---

[1] http://www.bydauto.com.cn/corporate/history.php 比亚迪汽车官方网站，2011.

## 无风险　不设计——设计风险管理

了日本丰田最引以为傲的产品之一——"COROLLA 花冠[1]"（第九代花冠于 2004 年起在中国大陆上市销售），比亚迪"F3"的外观及内装几乎照搬了丰田第九代花冠的设计（图 6-5），而此时"花冠"凭借其产品形象和既往的口碑在市场中拥有极高的声誉，其销售业绩在中国大陆同类车型中名列前茅，比亚迪通过模仿其产品形态并借助自身在成本上的优势，俘获了大量喜欢"花冠"造型而"囊中羞涩"的消费者。暂且不论这种为人所诟病的在知识产权领域的"抄袭"行为，比亚迪确实借用"花冠"在产品设计上业已达成的"优势形象"使自身的产品具备了竞争力，达到了借助别人的势力来壮大自己声势的目的，此举可视为"树上开花"之计的另一种形式的表现。

**图 6-5　比亚迪"F3"（左）丰田第九代"花冠"（右）**

早在 2003 年比亚迪开始进军汽车行业的时候，普通消费者或许很难看出其本业与汽车工业之间的内在联系及其日后在新能源汽车领域的发展前景，尤其是比亚迪上市的第一款产品是模仿丰田"花冠"的传统燃油汽车。事实上，在通过生产、销售传统动力汽车以逐步扩大市场和品牌认知度的同时，比亚迪以其在充电电池方面雄厚的技术实力为后盾，不断在汽车新能源领域进行技术研发。直到 2006 年

---

[1]　丰田 COROLLA 花冠：自诞生以来，COROLLA 花冠连续 33 年夺得日本国内汽车销量冠军；在国际上，COROLLA 花冠在全世界 140 多个国家和地区屡获好评。2002 年 6 月，在一向以对汽车品质挑剔严格而著称的德国 ADAC（德国汽车协会）发表的顾客满意度调查中，COROLLA 花冠在同级别 15 个车种里综合评价排名第一。百度词条：丰田 COROLLA 花冠．

6月，比亚迪纯电动轿车"F3e"研发成功，搭载其研发的铁动力电池，实现了零污染、零排放、零噪声的"三无目标"，此时，比亚迪从一个生产充电电池与电子五金产品的企业，进而涉足汽车制造领域的战略意图才真正得以显现。随后，2008年10月，比亚迪收购了半导体制造企业——中纬积体电路（宁波）有限公司，拥有了电动汽车驱动电机的研发和生产能力；2008年12月15日，比亚迪宣布全球第一款不依赖专业充电站的双模电动车——"F3DM"（图6-6）在深圳正式上市；2010年1月，"e6"纯电动车获准公告上市，同年5月，比亚迪"e6"纯电动出租车，即全球首批纯电动出租车上路运营；2010年9月，"K9"纯电动客车正式下线，2011年1月起，在深圳、长沙分别投入载客试运营；由此，比亚迪逐步确立了全球新能源汽车领域的领先地位。从汽车行业近年的发展趋势可以看出，由于环境问题的日益突出，新能源汽车是全球范围内各大汽车企业争相发展的重点，可以说，谁率先掌握了新能源汽车的相关技术，就在未来发展的道路上赢得了先机。比亚迪从当初汽车制造领域的"门外汉"和"外来者"，摇身一变成为新能源汽车领域不可忽视的"黑马"，正是"循序渐进地把握了时局的关键、事情的要害，逐步化被动为主动，从而掌握了竞争的主动权"，真正地实现了"反客为主"。

图6-6 左起比亚迪"F3DM"、"e6"、"K9"电动车

比亚迪在汽车业界中的"声名鹊起"，很大程度上来源于其在新能源汽车，尤其是电动车领域的突破。纵观当今全球汽车企业，敢于声称在电动汽车行业有所建树的车企无外乎日本丰田、美国通用和中国的比亚迪，这其中又以丰田在油电混合车型研发中的根基最为深厚。早在20世纪70年代，丰田就开始着

## 无风险　不设计——设计风险管理

手研究油电混合动力汽车，并在90年代末率先推出了世界上第一款量产的油电混合动力车——"PRIUS普锐斯[1]"（图6-7），经过十余年的技术革新，当今的"PRIUS普锐斯"车型已经发展到第三代，并成为全球汽车业界公认的、技术最为成熟、产销量最大的油电混合动力车。而比亚迪作为汽车行业的"后来者"，凭借其在全球充电电池行业的龙头地位[2]，很快实现了将企业传统优势转化为新能源电动汽车的技术优势，并迅速形成了规模化生产和销售，成了汽车行业异军突起的一匹"黑马"。在汽车的发祥地和历史最为悠久的德国，对于新能源汽车的探究也不曾停止，然而在现有销售的新能源车型中却迟迟未见德国品牌的身影。尽管宝马汽车公司在氢能源汽车的研发上已取得了初步成果，但限于技术瓶颈和高昂的制造成本，该技术一直未能得到推广，宝马不得不在2009年年底宣布暂缓氢能源汽车的研发，转而投向电动车型的研发。相较于宝马而言，奔驰作为汽车的鼻祖，一直致力于将传统燃油汽车的效能发挥到极致，却未能在新能源汽车的研发上有所建树。为了应对其在德国本土的"传统对手"——宝马在电动汽车研发上的进步以及来自美国通用和日本丰田的夹击，奔驰急需在短期内找到能够在电动汽车领域带给其强大支撑力的合作伙伴，其将目光投向了此时已经跃居全球汽车产销量首位的中国。而此刻，比亚迪虽然在电动汽车领域后来居上，但其品牌形象和产品质量仍未摆脱普通国产汽车给人留下的廉价、低端的固有印象，急需在造车工艺和产品序列中注入"高级元素"。基于这种期待，奔驰和比亚迪这两个看似毫无可比性的汽车品牌，出人意料地在2010年5月27日签订了建立合资公司的协议，并于7月底正式挂牌——深圳比亚迪

---

[1] PRIUS Hybrid（PRIUS），是日本丰田汽车于1997年推出的世界上第一款大规模生产的混合动力车型。销往全世界40多个国家和地区，其中美国是PRIUS最大的市场，至2009初为止，PRIUS在美国市场销售超过60万量。据美国环境保护署2007年数据，PRIUS是美国市场在售车型中最省油的。美国环境保护署和加州空气资源委员会根据二氧化碳排放量评价PRIUS是美国目前为止最清洁的车辆。词条：PRIUS Hybrid http：//zh. wikipedia. org/wiki/Prius.

[2] 比亚迪作为全球领先的二次充电电池制造商，IT及电子零部件产业已覆盖手机所有核心零部件及组装业务，镍电池、手机用锂电池、手机按键在全球的市场份额均已达到第一位。词条：比亚迪股份有限公司http：//baike. baidu. com/view/427696. htm.

戴姆勒新技术有限公司（图6-8），其开发的新一代电动汽车，将结合奔驰在整车设计和安全方面的先进技术以及比亚迪的电池技术和电动车驱动系统，而全新开发的电动车将使用由比亚迪和戴姆勒奔驰双方共创的新品牌。从表面上看，比亚迪与奔驰的合作是各尽其能、各取所需，然而促成合作的更深层原因，是双方都面临现实中业已存在的严峻挑战，奔驰需要在全球范围内与欧洲、美国和日本的豪华车品牌相抗衡，而比亚迪则要在中国市场面对来自国内品牌和合资企业产品价格不断走低的双重竞争，正是由于双方在相当一段时间内不存在直接的利益冲突，且各自都急需对方所掌握的技术，因此才促成了这种合作共赢的局面。如果比亚迪与奔驰的合作进展顺利，将在未来一段时间内深刻地改变并加强双方的竞争优势，这种优势的确立无疑将会对双方在各自市场的竞争态势产生积极的影响，而这一案例也将成为"远交近攻"这一中国古代军事思想极具代表性的现代注脚。

图6-7 丰田"PRIUS普锐斯"历代车型

图6-8 比亚迪与戴姆勒奔驰成立合资公司

## 致明天——设计风险管理的未来

### 工业设计的转变

早在 2006 年,国际工业设计联合会(ICSID)就将工业设计的对象描述为"物品、过程、服务以及其在整个生命周期中构成的系统",与之前的定义相比,这是首次将"服务"纳入设计对象。而在 2015 年 10 月,国际工业设计联合会正式更名为"国际设计组织 WDO"(World DesignOrganization)并颁布了工业设计的最新定义,将其定义为:旨在引导创新、促发商业成功及提供更好质量的生活,是一种将策略性解决问题的过程应用于产品、系统、服务及体验的设计活动。它是一种跨学科的专业,将创新、技术、商业、研究及消费者紧密联系在一起,共同进行创造性活动,并将需解决的问题、提出的解决方案可视化,重新解构问题,并将其作为建立更好的产品、系统、服务、体验或商业网络的机会,提供新的价值以及竞争优势。(工业)设计是通过其输出物对社会、经济、环境及伦理方面问题的回应,旨在创造一个更好的世界。

在这段最新的定义中,最值得注意的是,再次强调了(工业)设计的应用对象,从以往只关注于产品和系统本身,扩展到了服务及体验,可以说,这是 WDO 对于产品设计向服务设计交叉融合的正面回应。工业产品与服务的紧密结合也给工业设计提出了新的任务,除去产品的性能指标,通过服务所带给用户的综合体验已经成为构成产品品质和开展差异化竞争的重要部分,而这种转变也给时下及未来的工业设计带来了重大变革——产品服务设计。

首先,产品服务设计的关注对象进一步扩充。以物(产品)为核心的设计,所强调的是产品本身对于消费者的影响,"以人为本"及"以用户为中心"的设计思想均来源于此,所关注的对象是"用户"。当产品设计融入服务设计后,围绕产品所提供的服务需要牵涉更多的对象,如利益相关者(服务的提供者、接受者及第三方等)、环境(市场、人文、自然)、物(实体、软件)、流程(设计、服务)等,从客观上讲,设计所关注的对象更加多元而复杂,优秀的产品服务设计能够有效

## 第六章 无风险 不设计

整合上述对象，从而引导新的生活方式，提供综合的用户体验，贡献更多的附加价值。得益于网络技术的进步，虚拟产品与实体产品高度结合、产品与服务高度融合，在丰富了产品和服务内容的同时，也为设计提供了无限广阔的空间。

其次，与传统的产品设计相比，产品服务设计更具竞争力。以往产品设计的核心是构建产品在硬件及软件上的性能优势，兼顾用户体验，然而随着技术的同质化，用户体验成为更重要的差异化竞争手段。产品服务设计可以面向产品本身（product-oriented services），即保证产品在整个生命周期内的完美运作并获得附加价值；也可以面向使用（use-oriented services），即为用户提供一个平台（产品、工具、机会甚至资质），以高效地满足人们的某种需求与愿望；还可以面向结果（result-oriented services），即针对用户所期望获得的结果，用户无须拥有产品而只需购买所要的结果（如出行、供暖、供电等）[1]；正是基于以上三点，产品服务设计可以建立起一套综合的基于用户体验的创新解决方案。可以说，产品服务设计是一种创新策略的体现，是企业从销售"物质化产品"到销售"产品与服务系统"的转变，以更好地满足消费者需求，从而获得更大的发展空间及利润增长点。

再次，产品服务设计可以为企业创造持续的利润。未来学家托夫勒在《未来的冲击》中提出：在服务经济时代，产品是企业提供服务的平台，服务才是企业获得利润的主要来源。从销售产品到销售产品及相关服务的转变具有突出的经济学意义：产品销售的获利是一次性的，企业的盈利模式单一，而销售满足消费者需求的服务将给企业带来多元化的、持续的利润。

最后，产品服务设计具有积极的生态学意义。当产品作为服务的载体出现时，既有的购买产品从而得到服务的消费模式被解构，产品服务设计所倡导的是向消费者提供服务而非产品，强调使用而非占有是更受推崇的消费模式，这将从客观上提升资源的使用效率并减少消耗。

---

[1] 刘新，刘吉昆. 机会与挑战——产品服务系统设计的概念与实践[J]. 创意与设计，2011（6）：16.

### 设计风险管理的未来

产品服务设计发展蓬勃，成为近年来设计研究与实践的重点，设计管理，进而细化到设计风险管理领域，也将随之深化和发展。因此，我们需要了解产品服务设计与既有的产品设计在知识构成、操作流程上的异同，才能有效地加以管理。就产品服务设计本身而言，并非是一个新的学科，而是融合了多个学科内容和知识背景（如产品设计、交互设计、营销管理、社会学、心理学等）下所提出的跨学科概念。因此，其操作流程与上述学科内容具有一定的相似性，依次是：探索与理解、需求与策略定义、概念构思与生成、概念优化与评估、方案构建与传递、方案实施这六个步骤[1]。在这一操作流程中，设计对象是基于产品的服务，而非产品本身，因此必须明确产品设计与服务设计的差异性，而这也决定了未来设计风险管理的重点。

首先，产品与服务本身存在显著的区别，主要体现在如下各方面[2]：①与产品相比，服务通常是无形的、非实体的，以活动的形式而非实物的形式表现出来，因此更需要注重无形的因素（如感受）；②服务与消费通常是同时，甚至先于消费而进行的，因此，服务质量将比产品质量更难于塑造，更加考验前期的系统设计及应变能力；③服务必须直接、立即地面对用户，而服务需要通过培训以获得能力（时间及人力成本），不具备如产品般的资源调配的柔性（基于库存）；④服务由消费者和服务的提供者共同完成，即消费者直接参与服务的过程，而消费者的差异性和参与程度，造就了服务设计的多样；⑤服务通常是"透明"的，即运作过程可见，从服务活动的开始到结束，各环节均受到来自消费者的检视；⑥某些服务的门槛较低（成本投入、技术含量等），容易被竞争对手效仿而失去竞争优势，服务设计应考虑竞争优势的可持续性。

其次，与产品相比，服务的运作要素和竞争要素有所区别。服务运作的基本要素是客户、员工、服务战略与服务提供系统（图6-9），这四要素以客户为中心，依次建立服务战略、构建服务提供系统，再由员工实现服务运作。服务的竞争要

---

[1] 余乐，李彬彬. 可持续视角下的产品服务设计研究[J]. 包装工程，2011（10）：75.
[2] 陈荣秋，马士华. 生产运作管理[M]. 北京：机械工业出版社，2013.

# 第六章 无风险 不设计

素包括：①友好地对待客户；②快捷便利；③具有价格优势；④具有灵活性；⑤具有良好的服务技能；⑥服务载体及相关硬件具有良好品质。企业根据经营战略与自身特点，在以上要素中确定核心竞争要素，从而建立竞争优势。

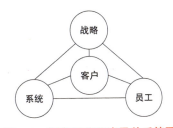

图 6-9 服务运作要素及关系简图

第三，服务提供系统特别强调人力要素。尽管随着计算机和网络技术的进步，部分服务工作可以实现自动化（如语音/文字应答、故障诊断、导航等），但大部分服务工作仍需要人工完成，因此，服务提供系统通常是由物质（设备）要素和人力要素共同组成的。完整的服务提供系统包括如下要素[1]：①技术要素，包括设备、自动化程度、垂直整合程度[2]等；②服务过程类型要素，包线性作业、间歇性作业、订单生产等；③服务流程要素，即服务过程的顺序；④场所与规模要素，即提供服务的场所的数量、规模等；⑤人力资源要素，即人员素质（技能）、报酬体系、员工参与度等。

基于以上，未来的设计风险管理将更多地关注于产品服务设计，依照产品服务设计的特点，从相关管理学及设计学方法中寻求相对应的风险控制措施，将大量借助服务管理的相关理论及方法，尤其是服务战略制定、服务创新模式、服务过程管理等。限于篇幅，本书将不再对产品服务设计的风险类型及管理措施展开论述，而值得一提的是，未来的设计实践与理论研究将更多地呈现出与其他学科的交叉、融合，无论是管理学、经济学、心理学、计算机科学还是环境美学，设计将以其开放性、丰富性、灵活性将各种相关信息汇集、梳理、整合，从而形成独特的设计理论与方法，并将其应用于各种创造性活动中，为人类和我们所生存的世界贡献更大的价值。

---

[1] 陈荣秋，马士华. 生产运作管理 [M]. 北京：机械工业出版社 2013.

[2] 垂直整合（Vertical Integration）是一种提高或降低公司对于其投入和产出分配控制水平的方法，也即公司对其生产投入、产品或服务的分配的控制程度。垂直整合有两种类型：后向整合（Backward Integration）与前向整合（Forward Integration）。一个公司对于其生产投入的控制被称之为后向整合；对其产出分配的控制则被称之为前向整合。

# 参考文献

[1] 诸葛铠. 设计艺术学十讲 [M]. 济南：山东画报出版社，2006.

[2] 杜书瀛. 艺术哲学读本 [M]. 北京：中国社会科学出版社，2008.

[3] 潘云鹤. 产品创新是建设创新型国家的主战场. 中国工程院. 2010-01-08. http://www.cae.cn/.

[4] 崔毅，杨卫. 从亚洲金融风暴反观企业风险的传导机理 [J]. 广州：南方金融杂志，2001（10）.

[5] 陈望衡. 艺术设计美学 [M]. 武汉：武汉大学出版社，2001.

[6] 郑子云，司徒永富. 企业风险管理 [M]. 上海：商务印书馆，2002.

[7] 朱焘，中国工业设计协会第四次全国会员代表大会工作报告 [C]. 深圳：中国工业设计协会第四次全国会员代表大会，2009.12

[8] 柳冠中. 事理学论纲 [M]. 南京：南京大学出版社，2006.

[9] 柳冠中. 设计是人类的未来不被毁灭的"第三种智慧" [C]. 株洲：2010年绿色设计国际学术研讨会，2010.5.

[10] 陈秉正. 公司整体化风险管理 [M]. 北京：清华大学出版社，2003.

[11] 邓俊. 浅析设计与产品创新的历史沿革 [J]. 美术教育研究，2011（8）：74.

[12] 尹定邦. 设计学概论 [M]. 长沙：湖南科学技术出版社，2004.

[13] 邵琦等著. 中国古代设计思想史略 [M]. 上海上海书店出版社，2009.

[14] 陈汗青. 产品设计 [M]. 武汉：华中科技大学出版社，2005.

[15] [法] 马克. 第亚尼. 非物质社会——后工业世界的设计、文化与技术 [M]. （藤守尧译）. 成都：四川人民出版社，1998.

[16] 刘永胜. 供应链风险预警机制 [J]. 北京：中国物资出版社，2007.

[17] 柳冠中. 设计设计学——人为事物的科学 [J]. 美术观察，2000（2）.

[18] 李彬彬. 设计心理学 [M]. 北京：中国轻工业出版社，2001.

[19] 杭间.中国工艺美术史[M].北京人民美术出版社2007.

[20] 袁熙旸.我国艺术设计教育发展历程研究[M].北京：北京理工大学出版社，2003.

[21] 何人可.工业设计史[M].北京：北京理工大学出版社，2000.

[22] 郑建启，刘杰成.设计材料工艺学[M].北京：高等教育出版社，2007.

[23] 何晓佑，谢云峰.现代十大设计理念—人性化设计[M].南京：江苏美术出版社，2001.

[24] 尹定邦，陈汗青，邵宏.设计的营销与管理[M].长沙：湖南科学技术出版社，2003.

[25] 邓俊.企业产品创新设计风险传导载体研究[J].美术大观，2010（11）：99.

[26] 李砚祖.艺术设计学研究的对象及范围[C].北京：清华大学学报，2003，15（18）.

[27] 中国工业设计协会.中国工业设计年鉴[M].北京：知识产权出版社，2006.

[28] 刘观庆.工业设计资料集[M].北京：建筑工业出版社，2007.

[29] 王效杰，占炜.工业设计—解析优秀个案[M].北京：轻工业出版社，2009.

[30] 李乐山.工业设计思想基础[M].北京：中国建筑工业出版社，2007.

[31] 佘玉亮，陈震邦.产品设计与实现[M].北京：机械工业出版社，2008.

[32] 邓俊.产品创新设计风险传导中的风险动态耦合研究[J]，美术大观2010（8）：113.

[33] 童宜洁.约我国艺术设计发展的内因分析[J].安徽文学，2009（5）.

[34] 许庆瑞.管理学[M].北京：高等教育出版社，2005.9：231.

[35] 邓俊.浅析设计的战略风险[J].美术大观，2011（3）：137.

[36] 夏喆.企业风险传导的动因分析[J].武汉：理论月刊，2007（2）：164-167.

[37] [日]原研哉.设计中的设计[M].（朱锷译）.济南：山东人民出版社，2006.

[38] [日]中西元男.个性化企业的时代[M].（王超英译）.上海：上海辞书出版社，1999.

[39] 尹定邦.设计目标论[M].广州：暨南大学出版社，1998.

[40] 吕品田 中国民间美术观念[M].长沙 湖南美术出版社，2007：192.

[41] 张承耀，建造企业帝国[M].广州 广东旅游出版社，1997.

[42] 杭间，郭秋慧 中国传统工艺[M].北京 五洲传播出版社2006.

[43] [美]汤姆·皮特斯，黄蔚译.设计管理欧美经典案例[M].北京:北京理工大学出版社，2004.

[44] 崔迅，张方步.消费需求主要变化趋势浅析[J].商业研究，2007（1）.

[45] 夏喆, 邓明然. 企业风险传导规律 [J]. 财会月刊, 2006（1）.

[46] 叶建木, 邓明然, 王洪运. 企业风险传导机理研究 [J]. 理论月刊, 2005.

[47] 邓明然, 夏喆. 基于耦合的企业风险传导模型探讨 [J]. 经济与管理研究, 2006（5）.

[48] 邓明然, 夏喆. 企业风险传导及其载体研究 [J]. 财会通讯, 2006.

[49] 王效杰, 金海. 设计管理 [M]. 北京: 中国轻工业出版社, 2008.

[50] 甘华鸣. 创新 [M]. 北京: 中国国际广播出版社, 2001.

[51] 沈俊. 企业风险传导条件、类型及路径研究 [J]. 当代经济管理, 2006（3）.

[52] 王凯全. 风险管理与保险 [M]. 北京: 机械工业出版社, 2008.

[53] 谢科范. 新产品开发风险管理 [M]. 西安: 电子科技大学出版社, 1993.

[54] 新中国60年报告, 中华人民共和国中央人民政府网站. 2010-02-08. http://www.gov.cn/.

[55] 潘雅芳. 基于SERVQUAL模型的饭店服务质量测评——以浙江省星级饭店为例 [J]. 商场现代化, 2007（7）.

[56] 冯晓青. 企业知识产权战略 [M]. 北京: 知识产权出版社, 2001.

[57] 宋明哲. 现代风险管理 [M]. 北京: 中国纺织出版社, 2003.

[58] 张纪康. 企业经营风险管理 [M]. 上海: 立信会计出版社, 1999.

[59] 戴胜利. 企业营销风险传导机理与实证研究 [D]. 武汉: 武汉理工大学, 2009.

[60] 马维野. 知识产权若干问题的思考与辨析. 国家知识产权战略网. 2011-03-03. http://www.nipso.cn/index.asp.

[61] 戴胜利. 企业市场风险预警研究 [J]. 财会通讯, 2008（8）.

[62] 杨艳波. 风险预警系统中模型算法的选择与实现 [J]. 无线电工程, 2005（6）.

[63] 宋晓芒, 施放. 企业营销管理预警指标体系的研究 [J]. 商业研究, 2001（4）.

[64] 胡树华, 牟仁艳, 徐仰前. 产品-产业-区域创新路经 [M]. 北京: 经济管理出版社, 2009.

[65] 胡树华, 汪秀婷, 侯仁勇. 国家汽车创新工程研究 [M]. 北京: 科学出版社, 2007.

[66] 管顺丰, 胡树华. 产业创新组织模式及实证研究 [J]. 武汉理工大学学报, 2004（8）.

[67] 程国平, 刁兆峰. 管理学原理 [M]. 武汉: 武汉理工大学出版社, 2004: 45.

[68] 顾孟迪, 雷鹏. 风险管理 [M]. 北京: 清华大学出版社, 2005.

[69] [美] 道弗曼. 风险管理与保险原理 [M]. 北京: 清华大学出版社, 2008.

[70] 夏喆. 企业风险传导机理与评价研究 [博士学位论文]. 武汉: 武汉理工大学, 2007.

[71] 汪应洛. 系统工程 [M]. 北京: 机械工业出版社, 2005.

[72] 张庆. 基于企业生命周期的风险管理策略 [J]. 经济论坛, 2009 (1).

[73] 刘永胜, 白晓娟. 供应链风险预警指标体系研究 [J]. 物流技术, 2006 (10).

[74] 中国企业红点奖崭露头角. 中国文化创意产业网. 2010-05-08. http://www.ccitimes.com.

[75] 视觉中国十周年系列文章. 视觉中国网. 2010-05-09. http://www.chinavisual.com/.

[76] 中华人民共和国国家知识产权局网站. 2011-04-08. http://www.sipo.gov.cn/sipo2008/.

[77] 中国汽车工业协会. 轿车月度销量排行. 2011-02-16. http://www.caam.org.cn/.

[78] "国务院关于加快发展生产性服务业促进产业结构调整升级的指导意见"国发〔2014〕26号. 2014.8.6

[79] 李存金, 王俊鹏. 重大航天工程设计方案形成的群体智慧集成机理分析——以阿波罗登月计划为例 [J]. 中国管理科学, 2013 (21): 105.

[80] [意] 罗伯托·维甘提 (Roberto Verganti). 设计驱动式创新 (Design-Driven Innovation) [M]. 中国人民大学出版社, 2014.

[81] 田松. 在工业文明的框架内环境危机无法得到有效解决 [J]. 绿叶 2011 (6): 19-26.

[82] 丹尼尔·贝尔. 后工业社会的来临 [M]. 北京: 新华出版社, 1997.

[83] 严耕, 杨志华. 生态文明的理论与系统构建 [M]. 北京: 中央编译出版社, 2009.

[84] 刘新, 刘吉昆. 机会与挑战——产品服务系统设计的概念与实践 [J]. 创意与设计 2011 (6): 16.

[85] 余乐, 李彬彬. 可持续视角下的产品服务设计研究 [J]. 包装工程 2011 (10): 75.

[86] 陈荣秋, 马士华. 生产运作管理 [M]. 机械工业出版社 2013.

[87] Editor wangxu. DESIGN FOCUS PRODUCT masayuki kurokawa[M]. Publisher china youth press, 2001.

[88] Thomas. E. Wartenberg. The nature of Art[M]. Peking university press, 2002.

[89] Brigitte Borja De Mozota. Design Management——Using Design TO Build Brand Value AND Corporate Innovation[M]. Allworth Press, 2003.

[90] Sterman J Business Dynamics. System thinking and modeling for a complex world[M].

New York: Irwin McGraw-Hill, 2000.

[91] Art Bell and Whitley Strieber. The Coming Global Superstorm[M]. New York: Pocket Books, 2000.

[92] Rebecca Proctor. 1000 New Eco Designs and Where to Find Them[M]. Laurence King Publishers, 2009.06.

[93] Cachon, G. P., Randall, T., Schmidt, G. M. In search of the bullwhip effect[J]. Manufacturing & Service Operations Management, 2007 (4).

[94] Gero Js. Computation Models of Innovative and Creative Design Process[J]. Technological Forecasting and Social Change, 2004, 64 (2).

[95] Robin Williams, John Tollett. Robin Williams Design Workshop[M]. Peachpit Press, 2006.8.

[96] David H Jonassen. Toward a Design Theory of Problem Solving[M]. ETR & D. 2000.

[97] Delvin Lee Ratzsch, Del Ratzsch. The Status of Design in Natural Science[M]. U. S: State University of New York Press. 2001.

[98] Karl T Ulrich, Steven D Eppinger. Product Design and Development[M]. U. S: McGraw-Hill Company, Inc, 2004.

[99] Jonathan Cagan, Craig M Vogel. Creating Breakthrough Products: Innovation from Product Planning to Program Approval[M]. U. S: Prentice Hall 2000.

[100] Chen xiaotan, Zhao jianghong. Research on the model and application of knowledge-based in industry design[J]. International tech. and innovation conference. Hangzhou, 2006.

[101] Nigel Cross. 40 years of design research[J]. Design studies 2007 (28).

[102] I M Verstijen, J M Hennessey. Product Design in the Sustainable Era[M]. Taschen. 2010.